"十四五"职业教育国家规划教材

网络营销策划

主　编　盘红华
副主编　陶晓波　龚　闪
参　编　龙明堂

北京理工大学出版社
BEIJING INSTITUTE OF TECHNOLOGY PRESS

内容简介

本书以从事网络营销策划岗位所必须掌握的知识和技能为逻辑线索，基于任务驱动理念，设计了六个学习模块和十四个工作任务。每个任务下设知识学习、任务训练、活页笔记三个部分。知识学习融入知识和案例，重点阐述基本概念和理论；任务训练以任务单的形式训练岗位技能；活页笔记便于学习者记录学习过程、重点难点及心得体会。全书既侧重个人岗位技能训练和素质培养，也注重团队协作能力养成。教学过程的实施体现相应工作过程，本书十四个工作任务完成后，任务成果可组合成一个完整的网络营销策划方案。

本书适合各级院校电子商务类、市场营销类等新商科专业学生作为教材使用，也可供营销策划类岗位从业人员进行参考。

版权专有　侵权必究

图书在版编目（CIP）数据

网络营销策划／盘红华主编．—北京：北京理工大学出版社，2021.1（2023.7 重印）
ISBN 978-7-5682-8099-0

Ⅰ.①网… Ⅱ.①盘… Ⅲ.①网络营销-营销策划-高等学校-教材 Ⅳ.①F713.365.2

中国版本图书馆 CIP 数据核字（2021）第 005062 号

出版发行／	北京理工大学出版社有限责任公司
社　　址／	北京市海淀区中关村南大街 5 号
邮　　编／	100081
电　　话／	（010）68914775（总编室）
	（010）82562903（教材售后服务热线）
	（010）68948351（其他图书服务热线）
网　　址／	http：∥www.bitpress.com.cn
经　　销／	全国各地新华书店
印　　刷／	河北盛世彩捷印刷有限公司
开　　本／	787 毫米×1092 毫米　1／16
印　　张／	14.75
字　　数／	325 千字
版　　次／	2021 年 1 月第 1 版　2023 年 7 月第 3 次印刷
定　　价／	49.00 元

责任编辑／	徐春英
文案编辑／	徐春英
责任校对／	周瑞红
责任印制／	施胜娟

图书出现印装质量问题，请拨打售后服务热线，本社负责调换

前 言

一、本书的编写背景

党的二十大报告围绕"实施科教兴国战略,强化现代化建设人才支撑"作出重要部署。随着新一轮产业变革、科技革命的崛起,互联网、云计算、大数据等新型技术驱动的新商业模式正在兴起。与此相适应,商业人才的教学理念、培养目标、培养方式、教学内容、教学方法等都需要进行优化和创新,有别于传统商科的新商科教育应运而生。

新商科人才培养需遵循学生的认知规律,以学生为中心,以学习成果为导向,注重学生综合素质的培养。应充分利用信息化教学手段,探索教与学的新范式,采用情景式、协作式、体验式、探究式学习激发学生的创造力,注重培养学生的批判性思维、表达与思考能力、终身学习能力,使之既适合行业需要,又适应社会快速发展需要。同时,教师的角色由知识的传授者变为学习任务的设计者,教学过程的策划者,学习任务落实的组织者,学习效果的检查者和督促者。

高质量、创新型的教材是培养优秀新商科人才的基本保证。面对新时代"三教"改革新形势和新商科人才培养新要求,传统的教材开发模式、展现形式已难以满足新商科人才培养的要求。新商科教材开发需注重四点:一要具有相当的开放性,能适应新知识、新技术和新工艺的随时融入;二是教材要方便移动学习、碎片化学习、线上与线下结合学习;三是要注重校企"双元"教材开发,加大企业资源引进力度,实训内容要真、要新、要充足,满足学生技能训练的需求;四是教材要突出情景教学、案例教学和任务驱动教学,强化"干中学"。

《网络营销策划》新型活页式教材正是基于此背景进行编写。编写组将在新商科教材开发领域进行积极探索和实践,为新型活页式教材开发提供可借鉴范例,为新商科人才培养提供优秀的教学载体。

二、本书的主要内容

在现代商业社会所从事的营销活动中,策划发挥着极其重要的作用。随着新商业时代的来临,市场竞争越来越激烈。企业策划部门需要综合分析产品营销所处的宏观环境(经济、自然地理、人口、政策法律、科学技术、社会文化等)以及企业微观环境,需要用营销创意和策略激发起消费者的购买欲望,需要合理选择广告刊播媒体。独特的策划是企业文化和可持续发展能力的展现,可以为企业带来市场占有率和品牌知名度的双重提升。

本书围绕网络营销策划类岗位必须掌握的知识和技能进行编写，分为策划案认知、市场调研与环境分析、营销策略与创意设计、媒介投放、经费预算、综合实训六个学习模块。系统阐述网络市场调研问卷设计与分析、宏观环境分析、微观环境分析、网络目标市场定位、营销策略制定、创意活动策划与产品设计、周边产品与卡通代言形象设计、媒介的选择排期等岗位核心技能，为从事营销策划类岗位奠定良好基础。

本书基于任务驱动理念，设计了十四个工作任务。每个任务下设知识学习、任务训练、活页笔记三个部分。知识学习融入知识和案例，重点阐述基本概念和理论；任务训练以任务单的形式训练技能；活页笔记便于学习者记录学习过程、重点难点及心得体会。全书既侧重个人岗位技能训练和素质培养，也注重团队协作能力养成。教学过程的实施体现相应职业工作过程，本书十四个工作任务完成后，任务成果可组合成一个完整的网络营销策划方案。

三、本书的编写特点

目前国内已出版的"网络营销策划"相关教材20余种，大多以理论阐述和举例为主，采用传统模式封闭装订，技能训练内容较少。与同类教材的比较，《网络营销策划》新型活页式教材具备以下几个明显特点：

一是"校企双元"，基于现实营销场景，将企业真实任务（以企业提供的命题策略单形式展现）转化为教学案例和技能训练任务，展现行业新业态、新水平、新技术，培养学生技能和综合职业素养；

二是"数字资源"，嵌入二维码，可扫码查阅经典营销案例、优秀策划案等数字资源，下载任务单等，后续将推出配套学习微网站，便于线上线下结合教学；

三是"课程思政"，每篇设置励志微语录，将进取精神、奋斗精神、工匠精神等有机融合到教材中，加强社会主义核心价值观教育；

四是"任务式编写方法"，融入1+X标准，以典型工作任务为载体，以学生为中心，以能力培养为本位，注重理论够用、技能训练为主的编写思路；

五是"活页式装订"，方便取出或加入内容：交作业、夹笔记、替换旧内容、加入新技术内容。本书另附有数张活页纸，方便学习者随时添加新笔记、新内容。

四、本书的使用建议

本书共分六个模块，其中模块一主要讲解创意的重要性和策划案的框架结构，让学生对策划案有一个较全面的认知；模块二、三、四、五以企业命题策略单和策划案框架结构为主线，采用单项任务训练的方式让学生熟悉并完成策划案的各个组成部分；模块六通过综合实训的方式，基于前四个模块已完成的任务成果，最终组合成一个完整的策划案。建议教师在授课时和学生在学习时严格按照模块和任务的顺序进行。

本课程建议学时为64学时。其中模块一建议8学时；模块二建议12学时；模块三建议20学时；模块四建议8学时；模块五建议4学时；模块六建议12学时（含汇报、答辩、点评学时）。

本书的任务训练建议以团队方式进行,以便进行充分讨论,激发团队智慧,更好地完成方案策划。每个团队人数建议为4~6人,选出组长1人,负责组织讨论、分配任务、队内问题解决和冲突协调、拍板决策等。部分任务含赏析、汇报等环节,重点培养学生的批判性思维、表达与思考能力。

本书任务单涉及的命题策略单均由企业提供(详见附录1),任课教师也可另选产品或品牌制作类似策略单供学生使用。对于学有余力的学生或团队,可采用双线并行的方式进行学习,即:课堂上完成选定营销主体的策划案,课余时间以个人和团队形式围绕教师另行提供的命题策略单进行策划。

本书的任务单和策略单均提供 Word 电子稿下载,以供任课教师根据需要进行修改后分发给学生,然后以电子稿形式收取作业。纸质任务单可供团队在讨论时使用,部分任务只需要填写文字内容,因此也可以将活页任务单取出,以纸质形式上交作业。

本书使用的所有任务单已经过编者数年教学实践检验并根据行业发展不断调整内容,学生反馈良好。本次出版前编写组对任务单做了进一步优化,使之更适合能力培养、情景教学和团队讨论式作业。

本书嵌入了数个优秀策划案全本,大多为"中国大学生广告艺术节学院奖"(简称"学院奖")历年优秀作品,其中不乏令人拍案叫绝的新颖创意和营销策略,仅供师生在授课和学习时参考。其创意和策略等版权均为原作者所有,请学习者勿将其用于商业用途。

五、本书的编写团队

本书由盘红华教授主持编写,负责全书的整体设计、内容选定和统稿;陶晓波、龚闪担任副主编,负责资料收集和任务单设计;龙明堂参与编写。其中,模块二、三由盘红华编写;模块一、四由龚闪编写;模块五由龙明堂编写;模块六由陶晓波编写。杭州至美营销策划有限公司、杭州壹网壹创科技股份有限公司等策划部、运营部主管和一线工作人员对本书的编写提出了诸多建设性建议,并提供了许多来自一线的案例和数据。

本书在编写过程中,参阅了大量的网络资料,作者已尽可能在书中相应位置和参考文献中列出,在此对它们的作者表示感谢。因疏漏没有列出或因网络引用出处不详者,在此表示深深的歉意。

由于编者水平有限,书中难免有不妥之处,敬请广大读者批评指正。针对全书内容选取、编排和活页式教材使用等方面有好的建议请发邮件至 panps2000@163.com。

编 者

目 录

模块一 策划案认知 ··· (1-1)

    任务一　网络营销策划创意案例点评 ································· (1-2)

    任务二　网络营销策划案赏析 ··· (1-15)

模块二 市场调研与环境分析 ··· (2-1)

    任务三　网络市场调研问卷设计与分析 ····························· (2-2)

    任务四　宏观环境分析 ··· (2-13)

    任务五　微观环境分析 ··· (2-27)

    任务六　网络目标市场定位 ··· (2-41)

模块三 营销策略与创意设计 ··· (3-1)

    任务七　营销主题确定 ··· (3-2)

    任务八　制定营销策略 ··· (3-13)

    任务九　创意活动策划与产品设计 ··································· (3-23)

    任务十　活动推广 ··· (3-37)

    任务十一　周边产品与卡通代言形象设计 ························· (3-57)

模块四 媒介投放 ··· (4-1)

    任务十二　媒介的选择 ··· (4-2)

    任务十三　媒介的排期 ··· (4-15)

模块五 经费预算 ··· (5-1)

    任务十四　经费预算 ·· (5-2)

模块六 综合实训 ··· (6-1)

附录 ·· (附-1)

    企业命题策略单 1（安吉白茶） ···································· (附-1)

    企业命题策略单 2（百雀羚化妆品） ······························· (附-4)

企业命题策略单 3（盼盼食品）...（附-7）
企业命题策略单 4（上海海昌海洋公园）...（附-9）
企业命题策略单 5（快克抗感冒药）...（附-12）
企业命题策略单 6（膜法世家面膜）...（附-15）
企业命题策略单 7（可比克薯片）...（附-18）

参考文献 ....（参-1）

模块一

策划案认知

知识目标

- 掌握策划的定义。
- 掌握策划的特点和要素。
- 了解创意的特点。
- 熟悉策划案的框架结构。
- 熟悉网络营销策划的基本步骤。

技能目标

- 能够分析成功案例的创意。
- 能够针对案例撰写点评稿。
- 能够制作 PPT 进行演讲汇报。

素质目标

- 培养学生信息收集、筛选、整理的能力。
- 培养学生判断分析能力和敏锐的观察力。
- 培养学生系统思考和独立思考的能力。
- 培养学生良好的表达能力。
- 培养学生良好的团队协作能力。

任务一　网络营销策划创意案例点评

> **励志微语：**
> 当你的才华还撑不起你的野心时，应该静下心去学习。

第一部分　知识学习

案例引入

文创食品经典营销策划案例——"旺仔搞大了"

扫码观看
详细案例

在2017年的"双十一"活动中，旺旺品牌以"旺仔搞大了"礼盒营销操作创造了销售奇迹。二十多天的预购活动中狂销十二万盒，在天猫旗舰店的独家贩卖活动中全网排名第四，10月25日更创下单日销售三万盒的佳绩，最高纪录是每秒销售七盒。这一系列以"旺旺长大了"为主题的营销以及广告复刻影片日浏览量突破二十万，可谓一场非常经典的"文化+创意+食品"的成功案例。"旺仔搞大了"营销海报如图1-1、图1-2所示。

图1-1　"旺仔搞大了"营销海报（1）

图1-2　"旺仔搞大了"营销海报（2）

旺旺集团成功打造的"旺仔"这一品牌形象，已经成为伴随几代人成长的超级IP。一个老字号品牌的营销策略，除了满满的回忆，还有什么能够创新的？旺旺集团电商渠道营业部负责人说，一开始想到这个营销策略，只是单纯想唤起消费者童年时的回忆。当年的目标消费者如今都已长大成人，因此有了一个把旺旺产品做大的想法。公司推出的"旺仔搞大了"礼盒，做出跟脸一样大的雪饼、跟平板一样大的仙贝，如图1-3所示，再搭配最新、最潮的文宣设计，符合目标消费者的喜好。

图1-3 "旺仔搞大了"雪饼、仙贝

二十年前那个经典广告——校园广播通知三年级六班李子明"你妈妈给你送来两瓶旺仔牛奶"，也在团队的操作下拍摄"搞大了"版。片中李子明已成长为三年级六班的新任教师，手捧"搞大了"的八公升旺仔牛奶一饮而尽，画面非常喜庆。这样的操作同时将二十年来的旺旺产品回忆、放大版旺仔牛奶的反差娱乐性融入影片中，笑点十足的广告在众多视频平台播出，反响强烈。另一个亮点是旺旺海报，手绘版的机器人、放大枪、小怪兽以及动漫风格的各种场景，融入年轻元素从而创造出极高的点击率。

文化是品牌最重要的资产，数十年的旺旺品牌伴随着消费者一同成长，是许多现阶段成年消费者在童年时的美好回忆。旺旺将这样的"文化"，结合将产品放大的"创意"，推出"旺仔搞大了"礼盒活动，同样也搞大了声势与销量。主题明确的营销策略搭配多管齐下的营销手法，引发了营销广告界最想要的"消费者自主推广"的势头，达到超出预期十倍以上的销售量。

凭借精彩的创意与精准的策略操作获得极佳的销售成果，"旺仔搞大了"创意营销策划引发业界热议，确实把旺旺数十年的品牌价值与年轻形象再度推升到一个新的高峰。

(根据搜狐号旺创意联盟资料整理)

知识链接

一、策划的定义

《礼记·中庸》云："凡事预则立，不预则废。"意思是做任何事情，事前有准备、有计划就可以成功，不然就会失败。这里面的"预"可以将其理解为"策划"。用现代话语来解释下，**策划是指为了达成特定目标，而构思、设计、规划的过程**。策划具体分为策略思考（调研、谋划、创意）与计划编制（形成可安排执行的方案）这两个过程。

日本策划家和田创认为：策划是通过实践活动获取更佳效果的智慧，它是一种智慧创造行为。日本有一定规模的企业几乎都有自己专门的策划（企划）部，并十分重视策划工作。例如，在日本汽车进入中国市场时，丰田汽车公司策划了一个仿唐诗的广告词——"车到山前必有路，有路必有丰田车"。朗朗上口的"顶针"修辞手法，借用中国古诗的文化底蕴，易记又贴切，把广告张力拉到最大。这句广告语一出，丰田的名字随即家喻户晓。

策划是一种程序，"在本质上是一种运用脑力的理性行为"。美国人把策划称为软科学，也叫咨询、顾问或信息服务、公关传播。比较著名的策划咨询公司有"兰德公司""麦肯锡公司"等。20世纪末，美国麦肯锡公司为中国今日集团的发展战略进行了全面策划，其策划报告是"造就一个非碳酸饮料市场的领导者"。策划报告长达300页，今日集团为此出资1 200万元。今日集团认为，麦肯锡报告的特点在于实用。今日集团按照这份策划书来操作，年销售额达到30个亿，比往年销售额增长100%以上。

综上，策划是一种对未来采取的行为做决定的准备过程，是一种构思或理性思维程序。

二、策划的特点

策划具有以下特点。

（1）策划的本质是一种思维智慧的结晶。

（2）策划具有目的性，对于现代企业来讲，通过策划可以提升企业或品牌的知名度，提升销售量。

（3）策划具有前瞻性、预测性，策划是人们在一定思考以及调查的基础之上进行的科学预测，因此具有一定的前瞻性。

（4）策划具有一定的不确定性、风险性，既然是一种预测或者筹划策划就一定具有不确定性或者风险。

（5）策划具有一定的科学性，策划是人们在调查基础之上进行总结的科学预测，策划不是一种突然的想法，或者突发奇想的方法，它是建立在调查的基础之上进行的预测、筹划。

（6）策划具有新颖的创意，策划是人们思维智慧的结晶、思维的革新。具有创意的策划才是真正的策划，策划的灵魂就是创意。

（7）策划具有可操作性，这是策划方案的前提，如果一个策划没有可操作性，那么这个策划方案再有创意、再好也是一个失败的策划方案。

三、策划的要素

孙子兵法曰："以正合，以奇胜"。所谓正，就是指策略和系统；所谓奇，可理解为创意。一般来说，策划包括两个要素。

（1）**必须有明确的主题目标**。策划如果没有主题目标，就成了一些漫无目的的拼凑，根本没有成功的可能，更不用说引发公众关注了。

（2）**必须有崭新的创意**。策划的内容及手段必须新颖、奇特，扣人心弦，使人观后印象深刻，打动受众的心。

案例点击

西铁城空投手表抢市场

在澳大利亚一家发行量颇大的报纸上，某日刊出一则引人瞩目的广告，说广场空投手表，捡到者免费奉送。这一下子引起了广泛关注。

空投那天，直升机如期而至，数千只手表从空中纷纷落下，早已等候多时的人们沸腾了。那些捡到了从几百米高空扔下的手表的幸运者发现手表完好无损、走时准确，一个个奔走相告，这也成为各新闻媒介报道的热点。从此，西铁城手表世人皆知，西铁城手表的质量更是令人叹服。

（根据《世界营销经典案例》资料整理）

四、网络营销策划之创意

顾名思义，**网络营销策划就是为了达成特定的网络营销目标而进行的策略思考和方案规划的过程**。互联网的特点是传播范围广、信息量大、互动性强。因此网络营销策划的创意一般要求具有**双向性**、**趣味性**，让参与者有**获得感**。

案例点击

百草味的"年味"营销

2021年春节，中国休闲零食领导品牌百草味，聚焦"年味"这一核心关键词，策划了《卖年货》推广视频。"日子越过越好，年味越来越淡"已成为不少人尤其是年轻人的心声，百草味洞察到这一痛点，以"年味"为切入点，新老两代人述说年味，述说回家团圆，瞬间击中消费者的内心。这也是百草味针对"年味淡了"的春节痛点乃至时代困惑，给出的品牌答案和对策（图1-4）。

《卖年货》

```
什么是好的营销策划？ ── 关注时代：时代发展（年味变淡）
                      更好传承、弘扬和创新传统文化、传统民俗
                   ── 关注社会：社会热点（疫情、春节）
                      防控疫情让我们看到了一个更大的"家"
                   ── 关注人：人的情感（亲情、团圆）
                      渴望亲情、渴望团圆——你就是年味
```

图 1-4　好的营销策划关注点

 案例点击

"博洛尼·抢沙发"——经典的博客创意营销案例

科宝·博洛尼家居装饰集团 CEO 蔡明的博客叫做"蔡园子"，他的博客中不但有各种古灵精怪的家居设计，还有惊险刺激的"抢沙发"运动。

博客中"沙发"是"So fast"的意思，博主发帖后第一个回帖响应的博友在圈子中被称为"沙发"。因此在互联网博客圈，"沙发"意味着一种秩序，而网友们在网上"抢沙发"，既是一种网上乐趣，同时也代表了一种积极的参与精神。随着网友们的"抢沙发"兴趣越来越普遍，蔡明在其博客上推出"抢博洛尼沙发，做新浪史上最快的人"的博客营销活动。回复博客文章就有机会获得总价值近 40 万元的意大利沙发。

活动策划如下：

（一）读蔡明博客　抢博洛尼沙发

活动内容：

（1）蔡明博客将在 6 月 17 日、19 日、21 日通过新浪博客发出 3 篇有奖博文。

（2）每篇有奖博文的第 1、100、200、300 位回帖者均可获得博洛尼沙发一套。

（二）"快"战在即，谁来捍卫城市荣誉——寻找北京、上海、广州、南京、深圳五地的"沙发英雄"

活动时间：6 月 26—30 日

活动内容：

（1）整个活动将分别在 6 月 26 日、28 日、30 日分 3 轮在五地同时进行。

（2）6 月 26 日抢 50 套单人沙发，每座城市 10 套沙发。

此轮参与者必须是一人，在公布沙发位置的帖子发出后马上进行回帖，在回复的内容中要有本人的真实姓名与身份证号（后两位可用××代替），然后迅速携带回帖人的身份证赶到沙发出现的位置，经过对回帖者的身份确认后，坐在沙发上，这套沙发就归本参与者所有。

（3）6 月 28 日男女搭档抢 30 套双人位沙发，每座城市 6 套沙发。

此轮参与者必须是一对男女（关系不限），两名参与者要在公布沙发位置的帖子发出后马上进行回帖（其中一位回帖即可），在回复的内容中要有本人的真实姓名与身份证号（后两位可用××代替），然后迅速携带回帖人的身份证赶到沙发出现的位置，经过对回帖者的身份确认后，两人同时坐在沙发上，这套沙发就归两位参与者所有。

（4）6 月 30 日群体抢 20 套三人位沙发，每座城市 4 套沙发。

此轮参与者必须是三人组合成的一组人，三名参与者要在公布沙发位置的帖子发出

后马上进行回帖（其中一位回帖即可），在回复的内容中要有本人的真实姓名与身份证号（后两位可用××代替），然后迅速携带回帖人的身份证赶到沙发出现的位置，经过对回帖者的身份确认后，三人同时坐在沙发上，这套沙发就归这组人所有。

（三）征集最炫最酷最快的"沙发"

也许你是今天第一个到达公司的人，你就是沙发！

也许你是在朋友过生日时，第一个送去祝福的人，你就是沙发！

也许你穿了件Amarni当季最新发布的时装，你就是沙发！

也许你是第一个发现某样新鲜事物的人，你就是沙发！

只要你足够快，你就可以抢到生活中很多的"沙发"！

抢到"沙发"的时候，又会有怎样激动兴奋的心情与自豪？

抢到"沙发"的背后，又会有怎样的心情故事与辛苦？

写出你的故事，赢取博洛尼意大利潮流沙发。

"沙发们"在蔡明的新浪博客上抢第一位置，在生活中抢真沙发，活动将现实中的沙发，与网上的"沙发"关联在一起，让网民在"抢"中得到乐趣和实惠，不愧是一场充满创意的成功营销策划活动。

（根据"周强笔记本"公众号资料整理）

案例点击

盼盼食品之法式小面包海报创意设计

盼盼食品成立于1996年，是一家专门从事农产品深加工的中外合资企业，是目前全国薯类膨化生产专业化程度最高、创新能力最强的国家重点龙头企业。公司主要产品有盼盼牌膨化休闲食品、果汁果冻、蛋黄派、饼干、干吃奶片、螺旋藻、泡菜、瓜子炒货和干果干菜等系列食品，其法式小面包走入千家万户。分析其成功原因，很大一部分是网络营销的成功。盼盼法式小面包海报创意设计如图1-5、图1-6、图1-7所示。

图1-5 盼盼食品之法式小面包海报创意（1）　　图1-6 盼盼食品之法式小面包海报创意（2）

图1-7　盼盼食品之法式小面包海报创意（3）

扫码查看
详细案例

海报创意思想：把盼盼想象成家人，在生活中陪伴着你，每当夜晚来临，工作一天后回来，在家等你的不一定只有沙发，还有盼盼；安静地躺在床上，孤独感就会袭来，陪你入眠的不只有床榻，还有盼盼；严寒风中回来的时候，送你暖意的不只有拖鞋，还有盼盼。将盼盼的形状与沙发、床榻、拖鞋相结合，给人带来亲切、温暖的感觉。它不仅仅只是食品，更多的意义是家人与陪伴。

海报通过网络发布后，效果极佳，网友纷纷转发，极大地提升了盼盼的品牌的知名度和影响力。

（根据"学院奖"获奖作品整理）

第二部分　任务训练

网络营销策划创意案例点评如表 1-1 所示。

表 1-1　网络营销策划创意案例点评

任务编号：NMPT-1-1	建议学时：4 学时
实训地点：校内专业实训室	小组成员姓名：
一、任务描述 1. 演练任务：网络营销策划创意案例点评； 2. 演练目的：认识创意是策划的核心； 3. 演练内容：每人收集某企业、某品牌或某产品、某影视节目的营销策划案例，分析案例的成功创意，写出点评稿（不少于 500 字）。	
二、相关资源 1. 请以"创意营销案例"为关键词查询相关网络资料； 2. 进入梅花网 https://www.meihua.info/，浏览优秀创意作品。	
三、任务实施 1. 完成分组，4~6 人为一小组，选出组长； 2. 围绕网络营销策划的核心是创意这一主题，学生查询资料，进行整理和分析，提交任务单； 3. 小组撰写 PPT，选出代表进行汇报。	
四、任务成果 （此处填写点评稿） （一）案例简介 （二）案例创意点	

续表

（三）创意点评

（四）总结

五、任务执行评价

任务评分标准

序号	考核指标	所占分值	备注	得分
1	上交情况	10	是否在规定时间内完成并按时上交	
2	完整度	20	按框架完成，少一部分扣 5 分	
3	内容丰满度	30	内容充实、图文并茂	
4	PPT 精美度	10	PPT 不少于 10 张，美观简洁	
5	点评质量	30	准确分析其在创意设计、营销策划方面的成功之道，有自己的观点，观点鲜明独到	
			总分	

指导教师：

日期： 年 月 日

扫码下载
任务单

扫码查看
任务单示例

第三部分　活页笔记

学习过程：

重难点记录：

学习体会及收获：

营销领域经典创意摘录：

《网络营销策划》活页笔记

任务二　网络营销策划案赏析

> 励志微语：
> 闲，是人生最大的一味毒药；虽然辛苦，我还是会选择滚烫的人生。

第一部分　知识学习

中国大学生广告艺术节学院奖

中国大学生广告艺术节是国内唯一由国家工商总局批准、中国广告协会主办的大学生广告艺术大型活动，内容涵盖学术研讨、创意大赛以及人才交流等。"学院奖"全称为"中国大学生广告艺术节学院奖"，该奖项是中国大学生广告艺术节的核心项目，是动员全国高校广告及相关专业的学生为企业进行命题创意的竞赛活动。该竞赛已举办十七届，在全国各高等院校中深入人心，影响已经从高校延伸至广告行业，成为行业遴选人才、企业获取杰出创意的重要途径。

"学院奖"组委会每年春、秋两季均举行比赛，邀请广大青年学子按照广告主提供的命题策略单进行创作。各类参赛作品均以原创性为主要标准，涵盖了平面广告设计、影视广告、微电影、短视频、广告文案、营销策划案、H5移动交互广告、电商UI设计、活动推广策划等多种形式。

以下摘选的是圣象集团提供的命题策略单。

圣象集团命题策略单

产品名称

圣象地板

营销主题

设计梦想家

品牌调性

时尚化、年轻态、国际感

传播 \ 营销目的

1. 强化年轻消费者对圣象的进一步认知，提升圣象品牌的黏性。
2. 向未来消费者传递家居文化，提升品牌在年轻人群中的影响力。

企业 \ 产品简介

圣象集团成立于 1995 年，总部位于上海。二十多年来，圣象从地板领军者，到家居梦想践行者，始终站在行业的前端。圣象坚守"用爱承载"的信念，持续关注消费者的核心需求、利益和情感，不断完善自我与创新，这也是圣象品牌经营的永续动力。

为了把握时代机遇，拥有更广阔的发展空间，圣象在未来五年将开展年轻化策略，满足目标消费者的审美期望或者领先于其审美。全面升级品牌愿景，从消费者梦想出发，共筑完美家居生活。

圣象的核心业务是地板。产品涵盖强化地板、多层实木地板、三层实木复合地板等品类。从圣象地板到圣象整屋空间定制，从圣象家到圣象生活，圣象不断拓展向上的发展之路。除了在产品品质上下足功夫，圣象更关注环保，在地板行业中率先采用苛刻的 F4 星环保品质标准，不断引领和刷新健康环保的品质标准。

目标消费群

核心目标群：85 后以及 90 后，更侧重于 90 后。

主要竞争者

其他类别铺地材料，主要是瓷砖类别。

策划案要求

1. 原创作品。
2. 为圣象地板创作可以用于视频网站推广或传播的微电影。风格可温馨可无厘头搞笑，但一定要有自己的创意点，贴合圣象品牌基因。
3. 线上线下联合营销方法。
4. 结合圣象品牌调性和愿景，写出有趣的、网络化的广告语、段子、营销软文以及宣传口号等。

Logo 及产品图片

圣象地板 Logo 如图 1-8 所示，产品海报如图 1-9 所示。

图 1-8　圣象地板 Logo

图 1-9　圣象地板产品海报

官方网站

官方网站：http://www.powerdekor.com.cn/

（根据"学院奖"官方网站资料整理）

知识链接

一、网络营销策划的基本步骤

策划具体分为**策略思考**(调研、谋划、创意)与**计划编制**(形成可安排执行的方案)这两个过程,可进一步细化为以下七个基本步骤。

(1) 市场调研分析。审视企业的经营环境,进行宏观环境分析、SWOT 分析、竞争对手分析等。

(2) 明确目标市场定位。分析目标消费者及其基本特征,如年龄、学历、职业、消费水平、消费场景、购买行为特征、最常接触的媒体等,确定市场定位战略。

(3) 确定营销策略。明确营销主题,围绕营销主题进行策略设计,组合使用多种线上线下营销手段,给出创意和具体实施方案。

(4) 编制实施计划。明确选择的线上与线下媒介,并制作媒介排期表。

(5) 经费预算。明确各营销手段的经费,制作经费预算表。

(6) 进行风险评估。评估实施过程中可能遇到的风险,确定风险防范预案。

(7) 撰写营销策划案文本。策划案包括以上主要内容,图文并茂,重点突出。

二、网络营销策划案的框架结构

策划案是创意和策划的物质载体,是策划的文字和图表的具体表现形式。好的策划案能完整、准确地表达主策划人或策划团队的思想、创意、计划、行动方案等,并且可操作性强。

策划案没有固定的内容和标准的格式,根据策划对象和策划要求的不同,策划案的内容和格式是不一样的。一般而言,一份规范的策划案的基本框架结构应包括**封面**、**主体**、**附录**、**封底**四部分,如表 1-2 所示。

表 1-2 策划案的框架结构

框架		基本内容
封面		策划案名称、策划机构或策划人姓名、富含寓意的 slogan(品牌口号、广告语)或图片、标识
主体	摘要	策划案的主要内容概括
	目录	一、二级标题及页码
	前言	策划的背景、目标及意义简述
	市场分析	企业内外部环境分析,包括产品分析、竞争对手分析、消费者分析、SWOT 分析、目标市场定位等
	营销策略	确定营销主题,详细阐述营销组合策略

续表

框架		基本内容
主体	创意表现	软文、海报、视频、代言人形象等创意设计与效果展现
	媒介选择	列出选择的线上与线下媒介并说明理由,制作媒介排期表
	经费预算	明确各营销手段的经费,制作经费预算表
	风险评估（可选）	评估实施过程中可能遇到的风险,确定风险防范预案
附录		调研问卷、参考资料等
封底		与封面相对应,起美化装饰、保护策划案主体的作用

（参考：北华航天工业学院肖峋《营销策划书的框架结构》）

三、撰写网络营销策划案的注意事项

1. 封面

封面是策划案的脸面,会给阅读者留下第一印象,不能草率从事。封面设计的基本原则是醒目、整洁、视觉冲击力强,字体、字号、颜色都要根据视觉效果具体确定,要有艺术性。策划案封面一般要注明策划案名称、策划机构或策划人姓名,辅之以富含寓意的营销 slogan（品牌口号、广告语）或者品牌、产品的图片、标识、卡通形象等,根据需要有的策划案还需要注明保密级别、编号。

2. 摘要

摘要是对策划案内容所做的概要说明,勾勒出策划案的各部分重点与主要结论,使阅读者大致了解策划案的主要内容。摘要的写作要简明扼要,篇幅不宜过长,字数在三四百字为宜。

3. 目录

策划案的目录与一般书籍的目录起相同作用,一般包含一、二级标题及页码,是策划案的简要提纲。

4. 前言

前言是策划案正式内容前的情况说明部分,一般可简述策划的来龙去脉,策划的背景、目标及意义。字数要控制在 1 000 字以内。

5. 市场分析

市场调研与分析是营销策划的依据与基础,任何营销策划都是以环境分析为出发点的。环境分析包括企业营销的外部环境与内部环境,重点进行宏观环境分析、产品分析、竞争对手分析、消费者分析、SWOT 分析等,在分析的基础上,确定目标市场定位。市场分析要求具有简洁性和准确性,数据新鲜,调研过程全面。

6. 营销策略

确定营销主题,详细阐述各种营销策略和方案,包括但不限于微博营销、软文营销、微视频、线下活动、H5推广、公众号营销、直播等。各营销策略要点清楚，时间安排合理，可操作性强。

7. 创意表现

创意是营销策划案的灵魂，此部分可集中展现软文、海报、视频剧情、App界面、代言人形象、周边产品等。

8. 媒介选择

列出选择的媒介并说明理由，一般以甘特图形式制作媒介排期表和推进表。

9. 经费预算

经费预算包括营销过程中的总预算、各营销手段的实施经费，以经费预算表形式呈现。预算要合理、可控。有的企业还需策划方给出投入产出表，标明投资回报率（ROI）。

10. 风险评估

风险评估主要评估方案实施过程中可能遇到的风险，并确定相应的风险防范预案。

11. 附录

附录的内容对策划书起着补充说明的作用，增强阅读者对营销策划的信任。一般可放置完整调研问卷或问卷分析报告，权威部门、机构发布的统计资料，重点参考资料等。

12. 封底

与封面相呼应，保持同样的色彩搭配，保证策划案的完整和美观。

 学习资源

1. 碧生源减肥茶营销策划案（"学院奖"金奖作品）

扫码查看
策划案全本

2. 乾红早春茶营销策划案（"学院奖"金奖作品）

扫码查看
策划案全本

第二部分　任务训练

网络营销策划案赏析如表1-3所示。

表1-3　网络营销策划案赏析

任务编号：NMPT-1-2	建议学时：4学时
实训地点：校内专业实训室	小组成员姓名：
一、任务描述 1. 演练任务：网络营销策划案赏析； 2. 演练目的：熟悉策划案的框架结构； 3. 演练内容：浏览"中国大学生广告艺术节学院奖"官方网站——创意星球网，熟悉企业命题策略单，收集整理获奖策划案并进行赏析。	
二、相关资源 1. 创意星球网 http://www.5iidea.com/xyj，赏析获奖作品； 2. 梅花网 https://www.meihua.info/，浏览优秀创意作品。	
三、任务实施 1. 进入创意星球网，浏览近年春、秋季企业命题策略单，了解大赛流程； 2. 小组成员每人收集整理2~3个获奖策划案，并围绕策划案的市场分析、营销策略、创意表现等进行组内交流； 3. 小组选择一个策划案制作PPT在全班交流。	
四、任务成果 (一) 企业命题策略单介绍 (二) 与命题企业相对应的获奖策划案赏析 (重点围绕策划案的市场分析、营销策略、创意表现等进行赏析)	

续表

（三）个人体会
（围绕什么是好的策划案进行观点陈述）

五、任务执行评价

任务评分标准

序号	考核指标	所占分值	备注	得分
1	上交情况	10	是否在规定时间内完成并按时上交	
2	完整度	20	按框架完成，少一部分扣5分	
3	内容丰满度	40	围绕策划案的市场分析、营销策略、创意表现等进行分析，内容充实、图文并茂	
4	PPT精美度	10	PPT不少于10张，美观简洁	
5	个人体会	20	围绕什么是好的策划案进行观点陈述，观点鲜明，总结提炼全面	
			总分	

指导教师：

日期：　　年　　月　　日

扫码下载
任务单

第三部分　活页笔记

学习过程：

重难点记录：

学习体会及收获：

其他小组策划案赏析精彩观点记录：

《网络营销策划》活页笔记

模块二

市场调研与环境分析

知识目标

- 掌握网络市场调研的定义。
- 掌握网络市场调研的分类。
- 掌握网络市场调研的步骤。
- 熟悉网络市场调研问卷的结构。
- 熟悉网络营销宏观环境、微观环境分析的因素。
- 熟悉SWOT分析方法。
- 熟悉市场定位策略。

技能目标

- 能够设计网络调研问卷。
- 能够撰写调研报告。
- 能够准确分析企业营销所处的宏观、微观环境。
- 能够熟练运用SWOT分析方法。
- 能够学会细分与选择目标市场。
- 能够完成目标市场定位。

素质目标

- 培养学生信息收集、筛选、整理的能力。
- 培养学生慎密的思维和论证能力。
- 培养学生系统思考和独立思考的能力。
- 培养学生对行业领域、政策法规的敏锐度。
- 培养学生良好的团队协作能力。

任务三　网络市场调研问卷设计与分析

> 励志微语：
> 每一个让你难堪的现在，都有一个不够努力的曾经。

第一部分　知识学习

 案例引入

扫码查看
详细案例

　　现代企业在推出新产品时，往往会利用互联网收集消费者对产品的建议和意见，最常见的方法是通过在线问卷调查收集信息。图2-1为修正药业颈腰康产品的市场调查问卷。

图2-1　修正药业颈腰康产品调查问卷

（选摘自"学院奖"获奖作品）

知识链接

一、网络市场调研的定义

市场调研

网络市场调研

市场调研是指以科学的方法，系统、有目的地收集、整理、分析和研究所有与市场有关的信息，特别是有关消费者的需求、购买动机、购买行为、竞争对手等方面的市场信息，从而作为确定营销决策的基础。市场调研是营销链中的重要环节，没有市场调研，就把握不了市场。

互联网为企业开展市场调研提供了一条便利途径，通常把**基于互联网进行市场信息的收集、整理、分析和研究的行为称为网络市场调研**。

女性服装网上销售状况调研

"旺角小店"是一家在线经营女性服装的网站，同时拥有线下实体门店。由于服装市场的竞争日趋激烈，网上销售迟迟打不开局面，公司决定依托互联网进行一次女性服装网上销售状况的调查。通过网络进行有系统、有计划、有组织地收集、调查、记录、整理、分析与产品有关的市场信息，客观地测定及评价现在市场及潜在市场，以及获取竞争对手的资料，摸清目标市场和营销环境，为经营者细分市场、识别消费者需求和确定营销目标提供准确的依据，调研问卷主要围绕以下要点进行设计，如图2-2所示。

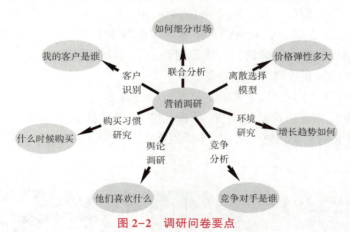

图 2-2 调研问卷要点

二、网络市场调研的特点

传统市场调研一般采用现场发放问卷、电话调研等方式进行，调研成本高，交互性差，受到时空和地域限制。网络市场调研基于互联网开展，大大降低了成本，交互性强。传统市场调研与网络市场调研的比较见表2-1。

表 2-1 传统市场调研与网络市场调研的比较

项目	网络市场调研	传统市场调研
调研成本	比较低廉	很高
便捷性	方便快捷	比较烦琐
交互性和充分性	比较强	相对较弱
时空和地域限制	不受限制	受到限制
及时性和共享性	比较强	相对较弱

三、网络市场调研的分类

网络市场调研分为网络直接市场调研和网络间接市场调研。

网络市场直接调研是指为特定的目的在互联网上收集一手资料或原始信息的过程。使用最多的是在线问卷、网络实时交谈、组织论坛讨论、在线监控。

网络市场间接调研主要是利用互联网收集与企业营销相关的市场、竞争者、消费者以及宏观环境等方面的信息，方法有通过搜索引擎进行检索、访问竞争者的网站等。

四、网络市场调研的步骤

网络市场调研一般分五个步骤，如图 2-3 所示。

（1）确定调研目标和对象，网络市场调研的对象主要分为三大类：①企业产品的消费者；②企业的竞争者；③企业的合作者和行业内的中立者。

（2）制订调研计划，明确调研方法和调查手段及样本范围。

（3）通过调研问卷或网上检索收集数据。

（4）数据收集结束后，接下来的工作是数据分析。

（5）最后撰写形成正式调研报告。调研报告不是数据和资料的简单堆砌，应把与营销关键决策有关的主要调查结果和结论写出来。

图 2-3 网络市场调研的步骤

五、网络市场调研问卷的设计

调研问卷，又称调查表，是调查者根据一定的调查目的和要求，按照一定的理论假设设计出来的，由一系列问题、调查项目、备选答案及说明所组成的，向被调查者收集资料的一种工具。

标准调研问卷的结构一般包括开场白（关于调研的说明，包括问候语、调研主题、调研组织、调研用途、相应的奖励措施以及承诺对调研的保密性等）、填表说明、调研题目、结束语等。

问卷中的问题按照答案的设置方式，可分成五种形式。

（1）自由式问题。自由式问题是指不设置标准答案，被调查者可以自由发挥的问题。

（2）单项选择式问题。被调查者在指定选项中只能选择一个作为答案。

（3）多项选择式问题。提供多个选项，供被调查者多项选择。

（4）顺位式问题。顺位式问题是指按照被调查者的理解情况，将题目所提供的答案根据某一强度进行顺序排列的问题。

如：请按您选择服装时考虑的主次顺序，以1、2、3、4、5为序填在下列方框内。

价格□　面料□　做工□　款式□　颜色□

（5）赋值评价式问题。赋值评价式问题是指通过打分或定级等形式来评价事物的好坏或优劣，通过这种方法，不仅能够反映出上述4种问题所反映的内容，还能够表示所选答案的具体的差异程度。如"您喜不喜欢喝矿泉水？"这一问题，设置5个选项"很不喜欢+1分；不太喜欢+2分；一般+3分；比较喜欢+4分；很喜欢+5分。"根据被调查者选择的情况可以进行数据差异性分析。

六、网络市场调研问卷设计的注意事项

（1）应尽量避免一些带有敏感性、隐私性的问题，如家庭住址、婚姻状况等。如果在某些特殊情况下，必须调查这类问题，则应该有保护个人信息的声明。

（2）整个问卷的措辞应该委婉客气，避免使用强硬性语言。

（3）问题的答案设置要精确、全面，避免出现各类错误。否则不仅会影响调查数据的真实性，还会降低被调查者对于这次调查的重视程度。答案的准确性应包括全面性、不重复性和明确性。

如：请回答您的家庭月收入水平（元）

A. 5 000～10 000　　　　　　B. 10 000～20 000

C. 20 000～30 000　　　　　　D. 30 000以上

此题的答案在设置中存在重复性和不全面性问题。首先，月收入水平在5 000元以下的没有考虑；其次，四个答案的边界界定的不清，如20 000元的月收入水平，在B、C两个答案间如何选择？因此，此题的答案可以改为：

A. 5 000以下　　　　　　　　B. 5 000～10 000以下

C. 10 000～20 000以下　　　　D. 20 000～30 000以下　　　E. 30 000及以上

（4）问卷的问题应尽量简单、易懂，容易回答，避免难度过高的问题。同时，在整个问卷中应该把简单的问题排在前面，而难度相对较高的问题排在后面。如在问卷设计中，容易回答的选择题一般放置在问卷的前部，而相对复杂的开放式问题大多放在问卷最后。为了答题者方便，问卷的题量不应过多，一般不超过20道题，答题时间不超

过 15 分钟。

（5）避免一题多问。一道题目中不应包含两个或两个以上的问题，否则，答题者会难于回答。如询问被调查者"您对它的价格和服务满意还是不满意？"属于一题多问。在此题中，包含"对价格满意还是不满意"和"对服务满意还是不满意"两个问题，被调查者很难同时去回答这两个问题。

（6）设计好的问卷初稿可邀请部分被调查对象进行一定数量的试填写，测试问题是否表达清楚、准确，是否会有产生歧义的词语等，对预测试反馈的问题进行修改后再正式发布问卷。

七、调研报告的概念及一般格式

对某一情况、某一事件、某一经验或问题，经过在实践中对其客观实际情况的调查了解，将调查了解到的全部情况和材料进行"去粗取精、去伪存真、由此及彼、由表及里"的分析研究，揭示出本质，寻找出规律，总结出经验，最后以书面形式陈述出来，这就是**调研报告**，是应用写作的重要文种。

调研报告的一般格式如下。

（一）调查背景

（二）调查目的

（三）调查方法

（四）调查过程

（五）数据分析

市场调研报告

本部分应以图表、表格、文字等形式对收集的数据和信息进行分析，结构要严谨，推理要有一定的逻辑性。

（六）主要结论

1. 马大姐致爱巧克力营销策划案（"学院奖"金奖作品）

扫码查看
策划案全本

2. 曼卡龙珠宝品牌营销策划案（"学院奖"获奖作品）

扫码查看
策划案全本

第二部分 任务训练

网络市场调研问卷设计与分析如表 2-2 所示。

表 2-2 网络市场调研问卷设计与分析

任务编号：NMPT-2-3	建议学时：4 学时
实训地点：校内专业实训室	小组成员姓名：

一、任务描述

1. 演练任务：网络市场调研问卷设计与分析；
2. 演练目的：掌握调研问卷的设计方法，学会撰写调研报告；
3. 演练内容：小组任选 1 个营销策划案的主体，完成网络调研问卷设计并回收数据，撰写调研报告

二、相关资源

1. 问卷星 https：//www.wjx.cn；
2. 以下为 7 个营销策划案主体（企业命题策略单见附录 1，任课教师也可另选产品或品牌制作策略单）。
   （1）安吉白茶消费者和市场知名度调查
   （调查可涵盖以下内容：被调查者基本情况、饮茶习惯、茶叶消费状况、对白茶了解程度、购买意愿、可承受价格、购茶途径等，具体调研内容自定）
   （2）百雀羚消费者和市场知名度调查
   （参照以上示例设计调查题目）
   （3）盼盼食品消费者和市场知名度调查
   （参照以上示例设计调查题目）
   （4）国人旅游消费情况及海洋公园类旅游意愿调查
   （参照以上示例设计调查题目）
   （5）抗感冒药使用及品牌知名度调查
   （参照以上示例设计调查题目）
   （6）年轻女性面膜选择及品牌知名度调查
   （参照以上示例设计调查题目）
   （7）国产薯片消费者和市场知名度调查
   （参照以上示例设计调查题目）

三、任务实施

1. 进入问卷星网站 https：//www.wjx.cn，注册一个用户；
2. 设计问卷，问卷题目不少于 20 题；
3. 发布问卷；
4. 回收问卷并分析；
5. 撰写调研报告并简单汇报

续表

四、任务成果

1. 调研问卷网址

2. 请将调研问卷写在下面

3. 请按以下格式撰写调研报告
   （1）调查背景
   （2）调查目的
   （3）调查方法
   （4）调查过程
   （5）数据分析
   （6）主要结论

五、任务执行评价

任务评分标准

序号	考核指标	所占分值	备注	得分
1	上交情况	10	是否在规定时间内完成并按时上交	
2	完整度	10	按框架完成，少一部分扣5分	
3	问卷质量	30	调研问卷内容丰满、问题合理	
4	问题数量	10	不少于20个，少1个扣1分	
5	调研报告质量	40	以图表、表格、文字等形式对收集的数据和信息进行分析，数据分析全面、结论准确合理	
			总分	

指导教师：

日期：　　年　　月　　日

扫码下载
任务单

第三部分　活页笔记

学习过程：

重难点记录：

学习体会及收获：

资料补充：

《网络营销策划》活页笔记

任务四　宏观环境分析

> 励志微语：
> 　　你只有非常努力，才能看起来毫不费力。

第一部分　知识学习

案例引入

人口环境因素对企业的影响

　　1986年年初，美国肯德基公司派了一个执行董事来北京考察投资环境。经过细致的市场调查和客观的分析，这位董事及其他工作人员得出一致结论：这是一个未经开拓的巨大市场，肯德基风味快餐炸鸡在中国有强大的竞争力。

　　1987年，肯德基前门快餐厅正式开张。这里环境优雅，纤尘不染；山德士老头笑容和蔼，迎宾招客；色泽金黄的炸鸡更是使人垂涎欲滴。开业第一天，前门店就吸引了大批客人，日销售炸鸡2 200份、营业额8.3万元人民币，这创造了整个肯德基联号的世界最高纪录。世界其他地方尚未出现排队的事，前门店却整天顾客盈门，最多一天接待了800人。炸鸡2 300只，座位周转率达16次。

　　肯德基在中国为什么会有这么大的魅力呢？这是因为肯德基对人口环境作了细致的考察。肯德基工作人员曾在北京王府井、西单、前门等主要商业繁华中心地带进行了人流量的测定。他们还进一步对人流结构进行了分析。他们发现，这些地带集中了很多收入提高了的年轻中产阶级，这些年轻人愿意为舒适的就餐环境掏腰包。第二，许多外地经商人员和旅游者对在外就餐的需求量很大。此外，肯德基把第一家中国分店开在北京，一是因为当时北京拥有1 000多万都市人口和上百万流动人口，市场容量极大；二是因为北京有众多的外国驻华办事机构和公务商务人士，肯德基的开业将满足他们对早已习惯的西式食品的需求。

　　正是肯德基对人口环境的重视和其细致的市场调查让其在中国取得巨大的成功。因为市场是由既有购买能力又有购买欲望的人构成的，潜在购买者的数量决定了市场规模，潜在购买者的结构等特征决定了市场需求，所以人口环境因素是市场营销宏观环境分析的首要因素，对企业会产生决定性的影响。

（根据百度文库网站资料整理）

知识链接

一、网络营销环境

网络营销环境是指对企业的生存和发展产生影响的各种外部条件,即与企业网络营销活动有关联因素的部分集合。根据营销环境对企业网络营销活动影响的直接程度,网络营销环境可以分为**网络营销宏观环境**与**网络营销微观环境**两部分。

网络营销宏观环境是指企业开展网络营销活动的社会背景,包括大规模的、具有普遍性的环境因素,由一些大范围的社会约束力量所构成。网络营销宏观环境主要包括六大因素,即**人口**、**经济**、**技术**、**政策法律**、**社会文化**、**自然环境**因素。

网络营销微观环境由企业本身及其周围的活动者组成,直接影响着企业为顾客服务的能力,主要包括**企业内部环境**、**供应商**、**营销中介**、**竞争者**等因素。

二、网络营销宏观环境

网络营销宏观环境对企业短期的利益可能影响不大,但对企业长期的发展具有很大的影响。所以,企业一定要重视网络营销宏观环境的分析研究。网络营销宏观环境主要包括以下六个方面的因素。

(一)人口环境

人是企业营销活动的直接和最终对象,市场是由消费者构成的。所以在其他条件固定或相同的情况下,人口的规模决定着市场容量和潜力;人口结构影响着消费结构和产品构成;人口组成的家庭、家庭类型及其变化,对消费品市场有明显的影响。

学习资源

中国有14亿人口,中等收入群体超过4亿,是全球最具潜力的大市场。中国将秉持开放、合作、团结、共赢的信念,坚定不移全面扩大开放,让中国市场成为世界的市场、共享的市场、大家的市场,推动世界经济复苏,为国际社会注入更多正能量。

——习近平主席在第三届中国国际进口博览会开幕式上的主旨演讲

相信中国将会成为世界上最大、最先进的消费市场。现在宝洁服务全世界超过50亿人,其中五分之一是在中国。

——美国宝洁公司全球董事会主席

(二)经济环境

经济环境是内部分类最多、具体因素最多,并对市场具有广泛和直接影响的环境内容。经济环境不仅包括经济体制、经济增长、经济周期与发展阶段以及经济政策体系等方面的内容,同时也包括收入水平、市场价格、利率、汇率、税收等经济参数和政府调节取向等内容。

学习资源

国家统计局2021年1月18日发布数据，2020年中国国内生产总值（GDP）首次突破100万亿元大关。意味着我国经济实力、科技实力、综合国力又跃上一个新的大台阶。

党的十九届五中全会擘画新蓝图：到2035年，人均国内生产总值达到中等发达国家水平。意味着，到2035年我国GDP将在现有基础上翻一番，达到200万亿元。

（三）技术环境

科学技术是社会生产力最新和最活跃的因素，作为营销环境的一部分，科技环境不仅直接影响企业内部的生产和经营，同时还与其他环境因素互相依赖、相互作用。

（四）政策法律环境

营销市场运作的规范性、公平性需要政治法律的制约和保障。因此，企业开展网络营销活动，必须了解并遵守国家或政府颁布的有关经营、贸易、投资等方面的法律法规。

案例点击

市场监管总局对阿里巴巴"二选一"垄断行为作出行政处罚

2021年4月10日，根据《反垄断法》有关规定，市场监管总局依法对阿里巴巴集团在中国境内网络零售平台服务市场实施"二选一"垄断行为作出行政处罚，责令阿里巴巴集团停止违法行为，并处以罚款182.28亿元。

阿里巴巴集团回应，对此处罚，诚恳接受，坚决服从。

（编者注：任何企业的营销活动都必须严格遵守国家的法律法规及有关政策，否则必将受到法律的制裁。）

（五）社会文化环境

企业存在于一定的社会文化环境中，同时企业又是社会成员所组成的一个小的社会团体，不可避免地受到社会文化环境的影响和制约。社会文化环境指价值观念、生活方式、宗教信仰、职业与教育程度、风俗习惯等构成的环境，不同的国家、地区、民族之间存在很大差别。在营销竞争手段向非价值、使用价值型转变的今天，企业必须重视社会文化环境的研究。

（六）自然环境

自然环境是指一个国家或地区的客观环境因素，主要包括自然资源、气候、地形地质、地理位置等。虽然随着科技进步和社会生产力的提高，自然状况对经济和市场的影响整体上是趋于下降的趋势，但自然环境制约经济和市场的内容、形式则在不断变化。

学习资源

推动碳达峰、碳中和，将从何处发力？

碳达峰、碳中和是当下"热词"。中央经济工作会议提出做好碳达峰、碳中和工作的意义是什么？当前最需解决的问题在哪？记者采访了中国国家气候变化专家委员会副主任何建坤。

实现碳达峰、碳中和目标对我国意味着什么？

应对气候变化，要推动以二氧化碳为主的温室气体减排。我国提出，二氧化碳排放力争2030年前达到峰值，力争2060年前实现碳中和。中央经济工作会议对做好碳达峰、碳中和工作进行了部署。

在何建坤看来，做好碳达峰、碳中和工作，不仅影响我国绿色经济复苏和高质量发展、引领全球经济技术变革的方向，而且对保护地球生态、推进应对气候变化的国际合作具有重要意义。

他介绍，当前我国的碳排放总量和排放强度比较高。我国处在工业化、城市化发展阶段，需要大量基础设施建设，高耗能原材料产业的比重较高。我国大量的碳排放集中在基础设施建设等领域，并不是老百姓消费导致的。

何建坤表示，我国当前仍处于工业化和城市化发展阶段中后期，对未来经济增速仍有较高预期，尽管不断加大节能降碳力度，但能源总需求一定时期内还会持续增长，二氧化碳排放也呈缓慢增长趋势。

他认为，对我国来说，二氧化碳排放达峰时间越早，峰值排放量越低，就越有利于实现长期碳中和目标。当前最主要的是控制和减少二氧化碳排放的增量，推进碳排放尽早达到峰值，并迅速转为下降趋势，持续降低排放总量，走上长期碳中和的发展路径。

从何处发力推动碳减排？

"2030年前实现二氧化碳排放达峰，'十四五'期间非常关键。"何建坤说。

他提出，首先要调整和优化产业结构。通过发展数字产业、高新技术产业和现代服务业，控制煤电、钢铁、水泥、石化、化工等高耗能产业的扩张，推进产业结构调整和升级，使单位GDP能耗快速下降，控制能源消费总量增长。

推动碳减排，我国以化石能源为主的能源结构转型势在必行。何建坤强调，"十四五"期间，要严格控制煤炭消费量的反弹，最好能够实现煤炭消费零增长，到"十四五"末实现煤炭消费稳定达峰并开始持续下降。

同时，我国要大力发展新能源和可再生能源。"到2030年前，经济发展新增加的能源需求，基本要由新增的非化石能源来满足，化石能源消费总体上不再增加。"他说。

此外，为实现二氧化碳排放尽早达峰，我国还将制定系列政策和措施，加快建设全国用能权、碳排放权交易市场，完善能源消费强度和总量的双控制度。同时，要继续打好污染防治攻坚战，实现减污降碳协同效应。

哪些地区可以率先达峰？

何建坤指出，2030年前实现二氧化碳排放达峰，是指全国范围的二氧化碳排放达到峰值。但要看到，每个地区资源禀赋不同，经济发展程度、产业布局也有区别。实现二氧化碳排放达峰，各地区肯定有先有后，要推进一些有条件的地方率先实现达峰。

他认为，可能率先实现二氧化碳排放达峰的有两类地区：一类是东部经济比较发达的一些省市，经济转型比较领先，有条件在"十四五"期间实现二氧化碳排放达峰。

另一类地区是西南部分地区，其可再生能源条件好，有很丰富的水电、风电、太阳能发电资源，可通过能源结构调整，由新能源的增长来满足能源需求，也可率先实现二氧化碳排放达峰。

他表示，各地采取什么减排路径、哪一年实现达峰，可能有所差别。要推进差别化、包容式的协调发展和协调减排，保证全国总体目标的实现。

如何遏制"走老路"的冲动？

疫情影响下，一些地方为恢复经济，扩充传统的钢铁、水泥、煤电等高耗能产能的冲动明显，煤炭等化石能源需求呈反弹趋势。如何才能抓住新的经济增长点，避免"走老路"？

何建坤说，国家提出碳达峰、碳中和目标后，各地已陆续行动起来，着手制定本省市的二氧化碳排放达峰行动计划。同时，国家相关部门也在制定相应的计划，如工信部提出要坚决压缩粗钢产量，确保粗钢产量同比下降，政策导向会抑制一些高耗能产业的扩张。

他表示，全球长期碳中和目标导向，将加剧世界范围经济技术革命性变革，重塑大国竞争格局，也将改变国际经济贸易规则和企业发展业态。先进深度脱碳技术和发展能力将成为一个国家核心竞争力的体现，走上深度脱碳发展路径也是现代化国家的重要标志。

"各省区各部门要远近统筹，切实贯彻绿色低碳可持续发展理念，抑制高耗能重化工业产能扩张的冲动，加快形成绿色低碳循环的产业体系。"他说。

三、网络营销宏观环境分析实例

（一）营销主体的背景

三亚天泽海韵度假酒店是三亚第一家全海景公寓度假酒店，酒店位于极具热带海岛风情的三亚市三亚湾，绿化率达55%，园林环境一流。

酒店背靠市区，毗邻国际客运码头、机场、车站，出行、购物十分便利。南依风景秀美的三亚湾，与一道17公里长的"椰梦长廊"相偎相依；一线海景，浩渺湛蓝的大海就在举足之间，您或可徜徉，婆娑椰影、细浪白沙近在咫尺；或可驻足，风舞椰声、浪涌岸声、渔舟唱晚。

（二）三亚天泽海韵度假酒店网络营销宏观环境分析

1. 人口环境

分析人口数量、年度旅游人口数量等（略）。

2. 经济环境

国家统计局：全年全国居民人均可支配收入30 733元，比上年名义增长8.9%。按常住地分，城镇居民人均可支配收入42 359元，比上年名义增长7.9%，扣除价格因素实际增长5.0%；农村居民人均可支配收入16 021元，比上年名义增长9.6%，扣除价格因素实际增长6.2%。

随着经济的快速平稳发展，人们的腰包鼓了，生活质量也提高了，旅游也成为人们生活中必不可少的一部分。中国的城市中产阶级在旅游支出中占据主导地位。

3. 技术环境

分析互联网发展带来的便利性：网上预订酒店、车票、机票，网络支付方式、交流方式、地图导航等。

4. 政策法律环境

中国的改革力度加大和开放程度提高。在对世贸组织的承诺下，中国旅游业已在更深更广的层面上展开，如21个国家5人以上的旅游团来海南旅游15天可享受免签证的政策，这为三亚旅游发展提供宽松有利的环境。

国家政策措施的扶持。中央给海南更大开放政策，其目标是从自由贸易区尽快走向自由贸易港。

市委、市政府的支持。在生态旅游岛的大环境下，三亚国际海滨度假旅游城市的建设，"实力三亚、活力三亚、和谐三亚、魅力三亚"口号的提出，三亚市委、市政府不断为三亚勾画着美好的发展蓝图，始终把旅游业列为三亚市经济发展的主导产业，作为第三产业的龙头。

5. 社会文化环境

三亚有着风情万种的"黎、苗、回"文化，如三月三、黎寨、寮房、黎家婚礼等，琳琅满目的传统工艺品椰雕、贝雕、海花、黎锦等；悲怆悠久的流放文化，唐朝两朝名宰李德裕、宋朝的起居郎胡栓等都被流放崖州；给人无限遐思的天涯文化："海内存知己，天涯若比邻""海上生明月，天涯共此时""陪你到天涯海角，爱你到海枯石烂"；南山的佛寿文化，"福如东海，寿比南山"，象征智慧与和平的南海观音等。时尚节庆文化，如新丝路模特大赛、世界小姐总决赛、国际兰花博览会、世界沙滩巡回赛、欢乐节等，一大批国际国内有影响力的盛事在三亚举行，更加丰富了三亚的文化内涵，也为天泽海韵度假酒店提供了不少的客源。

6. 自然环境

三亚是海南岛最南端的滨海城市，美丽而富有，素有"东方夏威夷"之称，拥有宜人的气候、清新的空气、和煦的阳光、湛蓝的海水、柔和的沙滩、美味的海鲜……以及众多的人文景观。这些优势和得天独厚的热带风光共同构成了三亚独具魅力的旅游资源。有天涯海角、亚龙湾等主要著名景点；有崖州湾、月亮湾等海湾，有三亚港、南山港等港口。

第二部分　任务训练

网络营销宏观环境分析如表 2-3 所示。

表 2-3　网络营销宏观环境分析

任务编号：NMPT-2-4	学时：4 学时
实训地点：校内专业实训室	小组成员姓名：

一、任务描述

1. 演练任务：网络营销宏观环境分析；
2. 演练目的：学会分析企业营销所处的宏观环境；
3. 演练内容：选择一个营销主体，针对人口环境、政策法律环境、经济环境、社会文化、技术环境及自然环境等内容展开调研分析

二、相关资源

1. 请查阅所选营销主体的官方网站、公众号、网店等全面了解其营销环境；
2. 网络营销环境分析之宏观环境分析 http：//www.sootoo.com/content/365183.shtml

三、任务实施

1. 每小组选择一个营销主体，注意与上次调研问卷的营销主体保持一致；
　　（七选一：安吉白茶、百雀羚、盼盼食品、海洋公园、抗感冒药、面膜、薯片）
2. 小组讨论完成宏观环境分析表；
3. 小组协作完成营销主体的宏观环境分析

四、任务成果

1. 完成以下宏观环境分析表；

×××××宏观环境分析表

分解	因素	调研和分析要点
宏观环境分析	人口环境	
	经济环境	
	技术环境	
	政策法律环境	
	社会文化环境	
	自然环境	

2. 完成选定营销主体的宏观环境分析

××××××网络营销宏观环境分析

（每因素的调研分析不少于半页 A4 纸，有图表类数据支撑最好）

　　（1）人口环境

续表

(2) 经济环境

(3) 技术环境

(4) 政策法律环境

续表

（5）社会文化环境

（6）自然环境（选题为百雀羚、盼盼食品、抗感冒药、面膜、薯片的不做此项）

续表

五、任务执行评价

任务评分标准

序号	考核指标	所占分值	备注	得分
1	上交情况	10	是否在规定时间内完成并按时上交	
2	完整度	10	按框架完成，少一部分扣 5 分	
3	宏观环境分析表	20	调研和分析要点全面、准确	
4	宏观环境分析质量	60	对收集的数据和信息进行分析，数据翔实，分析全面、结论准确合理，图表、表格各形式俱备	
		总分		

指导教师：　　　　　　　　　　　　　　　　日期：　　　年　　月　　日

扫码下载
任务单

第三部分 活页笔记

学习过程：

重难点记录：

学习体会及收获：

资料补充：

《网络营销策划》活页笔记

任务五　微观环境分析

励志微语：
不被嘲笑的梦想，是不值得去实现的。

第一部分　知识学习

 **案例引入**

盼盼麦香系列产品竞争对手分析

膨化食品作为一种新型食品进入中国市场已经有一段时间了，凭借其独特的口味、繁多的品种逐渐在食品市场上占据了一席之地。近年来，包括薯片、虾条、鸡圈、鸡片等在内的各式膨化食品，以色彩鲜艳、包装醒目、口味好、广告宣传攻势强烈等特点吸引了中国的广大消费者。

目前膨化食品市场竞争激烈，很多竞争对手都培养了一批忠实的粉丝。盼盼麦香系列产品作为进入市场的新产品，市场占有率不高，消费者并不很熟知。需注入全新品牌认知形象，进一步加大网络营销力度，从众多的竞争对手中抢占市场。盼盼麦香系列产品竞争对手分析如表2-4所示。

表2-4　盼盼麦香系列产品竞争对手分析

	上好佳
品牌形象	上好佳的食品小孩都爱吃，味道好；塑造了一种亲切友好的形象
产品诉求	产品主打自然，原汁原味，健康牌
广告语	上好佳食品，食品上好佳
优势	广告投放率较高，宣传面广，包装醒目
不足	诉求缺乏活力，知名度一般
威胁等级	★★★★★

续表

旺旺	
品牌形象	塑造了快乐似神仙、喜庆富有朝气的品牌形象
产品诉求	绿色、自信、大团结、旺
广告语	人旺，财旺，身体旺，今年我要旺； 人旺，财旺，运道旺，你旺我旺大家旺
优势	独特的"DNA"造型，保持完整口感； 很好地抓住中国消费者的心理诉求
不足	膨化类食品的口味较少，广告比较陈旧
威胁等级	★★★
可比克	
品牌形象	塑造了年轻、时尚、富有个性和活力的品牌形象
产品诉求	自信、个性、独特
广告语	快乐每一刻，我的可比克； 我的薯片、可比克； 我的选择，可比克
优势	品牌定位准确，直接对准目标消费群体年轻女性和青少年销售； 口味齐全，包装齐全； 名人代言，触动消费者对产品的认同感，直接拉动购买； 卖点清晰，宣传力度大，知名度高，市场占有率大
不足	过分注重自我，缺乏分享等情感诉求
威胁等级	★★★★

（根据百度文库网站资料整理）

知识链接

一、网络营销微观环境

网络营销微观环境由企业本身及其周围的活动者组成，直接影响着企业为顾客服务的能力。网络营销微观环境主要包括：企业内部环境、供应商、营销中介、竞争对手等因素。不同行业企业面临的营销微观环境是不同的，因此，微观环境又称行业环境因素。

（一）企业内部环境

互联网条件下，企业营销能力实际上就是企业适应环境的能力。企业营销能力的高低很大程度上取决于营销组织结构是否能适应市场的需求、企业内部各部门的关系及协调合作是否有较高的战斗力、领导层对网络营销的重视程度等。在实际分析过程中，应从以上几方面具体分析目前的情况，并对照主要竞争者和市场需求归纳出自身的优势和劣势，突出强化优势，回避劣势。

（二）供应商

供应商是指向企业提供生产经营所需原料、部件、能源、资金等生产资源的公司或个人。企业与供应商之间既有合作又有竞争，这种关系既受宏观环境影响，又制约着企业的营销活动，企业一定要注意与供应商搞好关系。供应商供货的稳定性与及时性、供货的价格波动、供货的质量水平对企业的营销业务有实质性的影响。

（三）营销中介

营销中介是指在促销、分销以及把产品送到最终购买者方面给企业以帮助的那些机构，主要包括网络服务提供商（ISP）、网络中间商（如网络批发商、网络零售商、经纪人和代理商）、第三方物流提供商、营销服务机构（广告公司、广告媒介经营公司、营销咨询公司等）、认证中心以及网上金融提供商等。

营销中介在企业经营中具有举足轻重的作用。如营销服务机构可以协助企业确立市场定位，进行市场推广；物流提供商帮助企业保管、储存、运输产品实体；金融机构为企业营销活动提供融资及保险服务。企业需要选择适合自己的营销中介，与中介建立良好的合作关系以便开展网络营销。

（四）竞争对手

竞争是商品经济活动的必然规律。在开展网上营销的过程中，不可避免地要遇到业务与自己相同或相近的竞争对手。即使在某个市场上只有一个企业在提供产品或服务，没有"显在"的对手，也很难断定在这个市场上没有潜在的竞争企业。

企业竞争对手的状况将直接影响企业营销活动。如竞争对手的营销策略及营销活动的变化就会直接影响企业营销，最为明显的是竞争对手的产品价格、广告宣传、促销手段的变化，以及产品的开发、销售服务的加强都将直接对企业造成威胁。为此，企业在确定营销策略前必须先弄清竞争对手，特别是同行业竞争对手的生产经营状况，做到知己知彼，有效地开展营销活动。

二、SWOT 分析

SWOT 分析法，又称强弱危机分析法、优劣分析法，是一种企业竞争态势分析方法，20 世纪 80 年代初由美国旧金山大学的管理学教授提出，在业内一直被广泛使用。SWOT 分析是市场营销的基础分析方法之一，能够较客观而准确地分析和研究一个单位的现实情况，通过评价自身具备的优势（Strengths）、劣势（Weaknesses），外部竞争面临的机会（Opportunities）和威胁（Threats），用以在确定发展战略前对自身进行深入全面的分析。SWOT 分析法如图 2-4 所示。

优势（Strengths）是组织机构的内部因素，具体包括：有利的竞争态势；充足的财政来源；良好的企业形象；技术力量；规模经济；产品质量；市场份额；成本优势；广告攻势等。

劣势（Weaknesses）也是组织机构的内部因素，具体包括：设备老化；管理混乱；缺少关键技术；研究开发落后；资金短缺；经营不善；产品积压；竞争力差等。

机会（Opportunities）是组织机构的外部因素，具体包括：新产品；新市场；新需求；外国市场壁垒解除；竞争对手失误等。

威胁（Threats）也是组织机构的外部因素，具体包括：新的竞争对手；替代产品增多；市场紧缩；行业政策变化；经济衰退；客户偏好改变；突发事件等。

SWOT 分析之内外部要素可参考图 2-5，SWOT 分析要素列表见表 2-5。

图 2-4　SWOT 分析法

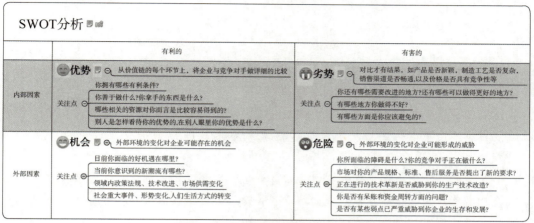

图 2-5　SWOT 分析之内外部要素

表 2-5　SWOT 分析要素列表

潜在资源力量	潜在资源弱点	公司潜在机会	外部潜在威胁
有利的战略 有利的金融环境 有利的品牌形象和美誉度 被广泛认可的市场领导地位 专利技术 成本优势 强势广告 产品创新技能 优质的客户服务 优秀的产品质量 战略联盟与并购	没有明确的战略导向 陈旧的设备 超额负债与恐怖的资产负债表 超越竞争对手的高额成本 缺少关键技能和资格能力 利润的损失部分 内在的运作困境 落后 R&D 能力 过分狭窄的产品组合 市场规划能力的缺乏	服务独特的客户群体 新的地理区域的扩张 产品组合的扩张 核心技能向产品组合的转化 垂直整合的战略形式 分享竞争对手的市场资源 竞争对手的支持 战略联盟与并购带来的超额覆盖 新技术开发通路 品牌形象扩展的通路	强势竞争者的进入 替代品引起的销售下降 市场增长的减缓 交换率和贸易政策的不利转换 由新规则引起的成本增加 商业周期的影响 客户和供应商的杠杆作用的加强 消费者购买需求的下降 人口和环境的变化

案例点击

客栈推广遇困境　网络营销来助力

地理位置上佳，多处在当地文化的核心区，服务热情周到，有家的感觉、静谧闲适、价格不高——客栈，犹如一匹黑马，杀入了竞争激烈的酒店市场，开创了一片蓝海。

与星级酒店不同，作为一种新型的酒店形态，客栈通常建在当地民居中，突出体现当地民风民俗特色。客栈的日消费通常在二三百元之间，非常吻合大城市的白领、旅游者，以及国外游客的消费需求。

目前，国内各式客栈主要集中在北京、丽江、平遥等文化古城，特别是丽江，这里的客栈大都古朴别致，甚至都"不像客栈，更像是自己在旅途的家。这里适合多住几日，适合想要真实体验当地民居生活的游客。"

尽管客栈已经成为不少旅客的至爱之地，但是仅有口碑传播还是不够的。由于客栈大都规模小，使用电视广告、报纸广告这类成本很高的营销手段来进行推广显然不适合。

与此同时，由于大部分客栈都属于单体酒店，因此，单体酒店一些固有的短板，在客栈上均有体现。客栈缺乏酒店集团的会议资源，缺乏足够的营销预算，缺乏开发第三方预订渠道的投资，也没有广泛认知的品牌来配合这些推广。

"世界上最痛苦的事情是什么？就是你好，别人却不知道。"云南丽江"第一观景台客栈"的掌柜老驴（网名）如是说。2011年年初，他在丽江新建了这家客栈。客栈自建了一个网站，在网页显目的位置赫然写着下面一段话：

我们的客栈，特别的地方，首先还是随意。

客栈位置，是在一个刚好能同时看到古城的全景和雪山的地方。有一个超级的观景台。

老板，就是我，是老驴，喜欢高山不喜欢高楼。

客栈服务员，比较诚实，着装随意，工作麻利，有事找她们办很妥。

客栈有吃的（家常便饭），你若是喜欢可以和我们一起吃饭，掏15元。一边吃一边和我们唠叨几句，感受下我们吃饭时都说些啥也不错。

若是点些自己喜欢的吃喝，就可以在观景台上一边享用一边按快门。随时观察帅哥美女的动静，有没有对你有意思的。

下午观景台比较喧闹，大多是来看景的。有歌手唱歌助兴，这时你想睡觉，那是不可能的。还不如娱乐一番，要不然就浪费了欢乐。

歌手叫冬冬，长得不是很帅，但是演唱功底深厚，歌声属于中低音，人直爽。

我们的房间，硬件设施是一流的，空调、电脑、电视、床上用品都是最好的。更关键的是，我们的窗帘一拉开，就能欣赏古城和雪山的风景。

有着这么好的条件，但"酒香也怕巷子深"，掌柜老驴还在为客源发愁。创业初期如何能以最低的成本达到最好的营销效果，成为摆在掌柜面前的难题。显然，与其他宣传手段相比，网络更具自主性、灵活性。

下一阶段老驴打算运用一些网络营销的方法来推广自己的客栈，扩大客栈的知名度，增加客流量，提升入住率和客户忠诚度，让自己的客栈真正火起来……

你能帮他实现这一愿望吗？

根据上述材料，结合网络资料检索，填写云南丽江"第一观景台客栈"SWOT分析表如表2-6所示。

表 2-6　云南丽江"第一观景台客栈"SWOT 分析表

S 优势	1. 有歌手助兴，客栈服务热情周到，老板憨厚老实； 2. 硬件设施齐全，价格不高； 3. 客栈地理位置上佳，是在一个刚好能同时看到古城的全景和雪山的地方，有一个超级的观景台； 4. 有家的感觉、静谧闲适，有当地民风民俗特色
W 劣势	1. 企业网络营销能力不强，相对于那些知名的酒店，宣传力度不够，知名度不够； 2. 缺乏开发第三方预订渠道的投资； 3. 没有专业的酒店服务员； 4. 没有系统的管理体系、会员制度，顾客忠诚度不高； 5. 木质的客栈，隔音效果较差，会影响旅客的休息
O 机会	1. 对外文化的输出和世界影响，"丽江"正成为一个国内外瞩目的文化旅游品牌。丽江就是品牌、丽江就是机遇，丽江已成为一个国内外旅游的新亮点，成为旅游投资创业的热土； 2. 国家政策的支持，大力发展了云南的旅游业； 3. 人均国民收入水平提高，更加注重精神上的享受； 4. 技术手段的进步，网上交流方便，大家可以在网上预定、交流客栈体验，增加了客源； 5. 丽江硬件设施条件夯实，通信、能源等基础设施，城市设施及功能都取得了巨大的发展，丽江机场的建成并扩建、修通了大丽铁路，方便了人们的出行，增加了游客到来的概率
T 威胁	1. 由于是旅游景地，受旅游季节波动比较大； 2. 外资高档酒店入住丽江多，知名酒店拉走很多潜在客户； 3. 客户要求不断提高，既要实惠，又要舒适，需要不断更新硬件，成本增加； 4. 周边模仿形式的出现，腾冲、大理是最好的例子，丽江的地理优势也吸引了很多投资者前来投资，竞争是无法避免的； 5. 在环境保护方面稍有欠缺，商业化的气息越来越浓； 6. 丽江古城从 2001 年起向游客征收每人 80 元的丽江古城维护费； 7. 当地宰客情况比较突出

第二部分　任务训练

网络营销微观环境分析如表 2-7 所示。

表 2-7　网络营销微观环境分析

任务编号：NMPT-2-5	学时：2 学时
实训地点：校内专业实训室	小组成员姓名：

一、任务描述
1. 演练任务：网络营销微观环境分析；
2. 演练目的：学会分析企业营销所处的微观环境，掌握 SWOT 分析法；
3. 演练内容：选择一个营销主体，分析企业营销的竞争对手，查询资料，完成 SWOT 分析

二、相关资源
1. 请通过网络浏览营销主体的竞争对手网站，了解竞争对手概况；
2. 营销策划：如何了解、分析你的竞争对手 http://www.sohu.com/a/205019285_774928

三、任务实施
1. 每小组选择一个营销主体，注意与上次任务的营销主体保持一致；
　　（七选一：安吉白茶、百雀羚、盼盼食品、海洋公园、抗感冒药、面膜、薯片）
2. 小组讨论完成竞争对手分析表；
3. 小组协作完成营销主体的 SWOT 分析

四、任务成果
1. 完成营销主体的竞争对手（不少于 3 个）分析表。

××××竞争对手分析表

竞争对手名称	营销主打理念	价格区间	企业（产品）优势 （从市场占有率、品牌知名度、地域覆盖程度、价格、服务等各方面进行对比分析）	竞争对手的劣势
×××				
×××				
×××				

续表

例：上海海昌海洋公园竞争对手分析表（部分）

竞争对手名称	营销主打理念	价格区间	企业（产品）优势	竞争对手的劣势
欢乐谷	以"繁华都市开心地"为定位，让每一位游客都能与所爱尽享欢乐时光	93~450元单日票、套票	**市场占有率**：在国内主题公园市场占有率极高，达10%； **品牌知名度**：具有极高的知名度，连续五年荣获"问鼎旅游行业大赏"年度最受欢迎景区； **价格**：性价比高，值得去游玩； **服务**：以顾客为导向，情感-亲情服务文化，将客人视为家人，保证有效优质的服务	1. 产品存在缺陷，没有一开始打造属于自己的卡通人物，利润模式单一； 2. 景区交通不便，由于在郊区虽有接驳站，但人流量较多就会供不应求； 3. 景区内消费高人均消费在300~400元，属于高消费； 4. 管理方面有待提高，就餐环境不舒适

2. 完成选定营销主体的 SWOT 分析。

××××SWOT 分析表

S	
W	
O	
T	

五、任务执行评价

任务评分标准

序号	考核指标	所占分值	备注	得分
1	上交情况	10	是否在规定时间内完成并按时上交	
2	完整度	10	按框架完成，少一部分扣5分	
3	竞争对手分析	40	从市场占有率、品牌知名度、地域覆盖程度、价格、服务等各方面作对比分析，数据分析全面、结论准确合理	
4	SWOT 分析	40	分析全面准确、观点简洁明了，各因素不少于3条	
			总分	

指导教师：

日期： 年 月 日

扫码下载任务单

第三部分　活页笔记

学习过程：

重难点记录：

学习体会及收获：

资料补充：

《网络营销策划》活页笔记

任务六　网络目标市场定位

> **励志微语：**
> 哪有什么一夜成名，其实都是百炼成钢；哪有什么人生开挂，其实都是厚积薄发。

第一部分　知识学习

案例引入

江小白的市场定位

2012年，江小白在业内人士眼中，只不过是每年都会出现的N个新品之一，这种小瓶装的酒，创立于中国白酒核心区域的重庆。当时白酒行业的共识是：年轻人不懂白酒，江小白活不过一年。

时隔八年，江小白不仅活着，而且活得很好，年销售额达20亿元。江小白居然能在白酒行业成功突围，一直是很多"老酒友"无法理解的问题。江小白到底有什么魔力？为何卖得好？

（一）找准市场裂缝，插位而出

扫码查看
详细案例

在江小白问世之前，国内酒类市场被讲历史故事、注重醇厚口味的传统酒企一统江湖，年轻一代不想喝白酒的趋势初现端倪，相比于白酒，青春时尚的洋酒更受到年轻消费者的青睐。对此，各大酒企自然嗅到了这个苗头，曾开发新品迎合他们，却未有好的效果，那时的他们认为，年轻人喝白酒早晚的事儿，长大了就自然会喝白酒，因而对这一块并没有太多重视。

江小白创始团队看到了白酒年轻市场的裂缝，却有截然不同的看法，勇敢挤入年轻市场。以80后、90后的消费主体为原型，拟人化地打造了一个青春且大众化的卡通形象，从品牌、包装、酒体、营销等全方位围绕年轻消费者发力。可以说，在当时白酒市场中，江小白是唯一全力主攻年轻群体的白酒品牌。

江小白的诞生正巧赶上第三次行业调整，限制"三公消费""塑化剂"等事件让酒业大受创伤，尤其是名酒企业，中高端消费市场竞争激烈，名酒也不得不降价挤压市场，"降维"打击笼罩整个行业，大酒企想着如何保证营收，小酒企则是想着如何生存，没有时间精力去顾及一个初出茅庐的小酒。不得不说，这次行业调整的确给了江小白"发育成长"的时间，少了外界的围剿，可以有精力专注做自己的品牌和市场。

(二) 找准战略基点，定位精准

定位是一个品牌立足于市场的关键和前提。传统酒水的市场定位往往在局限于两类：一种定位于历史悠久的"雅"文化，一种则定位于江湖市井的"俗"文化，前者高端酒，后者中低端。

江小白在最初定位时便有意避开传统白酒的竞争红海，专注开发年轻人的蓝海市场，定位为青春小酒，以年轻、时尚的姿态问世，喊出"我是江小白，生活很简单"的slogan。瞄准年轻人小聚、小饮、小时刻、小心情的等饮用场景，根据年轻人简单纯粹的饮酒需求，在酒体上也进行了创新，口感偏向于轻口味，还创造了很多混饮的喝法；在包装上采用磨砂瓶，主打蓝白色调的简单包装，契合年轻一代追求简约的生活理念和审美偏好。表达瓶上的个性语录更是直击年轻消费者内心，让年轻消费者找到情感共鸣，喜欢也愿意主动分享到社交媒体，一举火爆全国，不管你是否喝过江小白，江小白的表达瓶你肯定见过。

精准定位也在无形之中为品牌建立了一道护城河，让对手无法跟随。例如可口可乐定位经典可乐，百事可乐定位时尚可乐，基于战略基点的不同，二者无法相互模仿。江小白定位青春小酒，其他酒企已有成熟的产品体系，品牌也在大众心中有了一定的认知，"船大掉头难"。

(三) 找准消费群体，占位心智

营销的竞争是一场关于心智的竞争，营销竞争的终极战场不是工厂也不是市场，而是心智，心智决定市场，也决定营销的成败。

白酒的消费受众主要在35~50岁，江小白则是瞄准20~35岁的年轻消费者，全方位精准化营销。只要和年轻人相关的，江小白无处不在。线上《奇葩说》《这就是街舞》《拜托了冰箱》等火爆的综艺节目；线下玩音乐节、出动漫、出单曲、搞街舞、弄涂鸦大赛、开街头快闪店……甚至极其小众的纪录片中也能见到江小白的身影。江小白想尽办法和年轻人拉近关系，与青春、市场捆绑在一起。

在传播理念中，往往第一个提出者会占据消费者的心智。最先提出小酒概念并铺天盖地宣传的江小白，成功地在年轻消费群体中建立起足够高的知名度，也成功占位消费者心中"青春小酒"的位置，只要想要青春小酒，就会想到江小白。

(四) 找准流量方向，抢位入口

随着江小白的走红，也出现大众评价两极化的局面。年轻人纷纷购买的同时，很多成熟的白酒消费者认为它的口感不好，甚至不能称得上白酒，还有很多人表示持续不看好。难道江小白仅是凭借营销卖到20亿元？

当然不止营销那么简单。江小白的创始团队是酒水行业资深从业者，深谙酒水行业的打法。在高调做品牌营销，频繁刷屏微博、朋友圈等社交媒体的同时，也在低调布局渠道及全产业链，如图2-6所示，从高粱种植到酿酒分装、仓储物流和市场销售延伸等全产业链布局。

在渠道上，成长早期扎实地耕耘川渝区域市场。川渝地区是北上广深之外年轻人聚集最多的区域，年轻创新在互联网时代是一种强大的生产力，紧追潮流的年轻人足以引

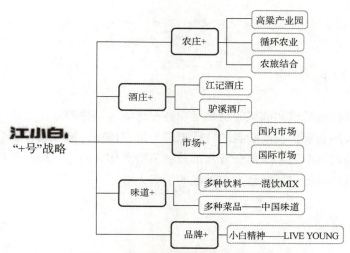

图 2-6　江小白布局渠道及全产业链

导舆论进而影响市场。2017年，已经积累了不小名气的江小白发力全国市场，全国范围渠道铺货，哪怕是十八线小县城的拉面馆里也有陈列，消费者可即时购买。

笔者认为，江小白之所以能卖得好很大程度上依赖于其抢位，尤其是心智上的抢位。年轻人开始喝白酒，很少会选择成熟的白酒品牌，一是调性不符，二是钱包不厚，往往会先从江小白入手，小瓶便宜，就算不好喝也不算多大损失。暂且不谈留存率，若是长期没有替代品，已抢占年轻流量入口的江小白哪怕只是收割第一代白酒消费者，也能赚得盆满钵满，毕竟"没有人永远20岁，但永远有人20岁"。

最后，江小白真的不好喝吗？这个问题，仁者见仁、智者见智。再怎么说，它也是高粱酿造，由国家级酿酒师、品酒师操刀而成，品质很不错。

（根据知乎专栏"千里谈酒业"资料整理，作者：张燕）

知识链接

一、市场与目标市场

市场由具有特定需求和欲望的全部潜在客户组成。一种商品在上市时一般只能满足社会中一部分人的需求，按消费者的特征把整个潜在市场，细分成若干部分，根据产品本身的特性，选定其中的某一部分或几部分的消费者作为销售目标，此目标即为目标市场，如近视眼镜的目标市场就是患有近视的消费人群。

二、市场细分

市场细分是1956年由美国市场营销学家温德尔·斯密提出的一个重要市场营销概念。市场细分是指企业根据消费者之间需求的差异性和类似性，把一个整体市场划分为若干个不同的消费者群体（子市场），并从中选择一个或多个子市场作为企业的目标市场的活动过程，子市场由一群有相似需求和欲望的顾客组成。

美国市场学家麦卡锡提出细分市场的一整套程序，如图2-7所示。这一程序包括七个步骤。

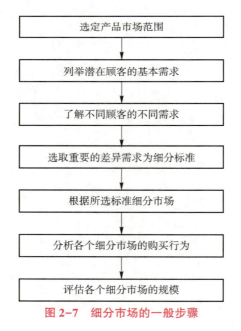

图2-7 细分市场的一般步骤

对消费者市场而言，常用的细分标准有：地理位置（如一线城市、二三线城市、农村市场等）、人口特征（如年龄、性别、收入水平、教育程度、职业等）、价值观/生活方式、购买行为等。

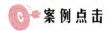 **案例点击**

日本精工牌手表占领美国市场

日本精工根据社会调查，发现美国市场上对手表的需求有三类不同的消费者群（子市场）：①有大约23%的消费者对手表的要求是价格低廉；②约有46%的消费者要求是计时基本正确、耐用、价格适中，这两类消费者受经济因素的影响较大；③有大约31%的消费者求新、求高、求精，要求既有精确计时价值，又有装饰价值，以显示身份。

美国和瑞士的钟表厂商一向注重第三类消费者群，而不能充分满足约占70%市场份额的一、二类消费者的需求。日本精工在美国市场调查中发现了上述细分市场后，推出了精工电子表。日本精工电子表，款式新颖、价格便宜，并提供免费保修，顾客在许多商店都可以买到，顺利抢占了美国市场。

（根据网络资料整理）

三、市场定位

在对现代营销学之父菲利普·科特勒博士的访问中，有记者问道："您认为成功的营销战略包括哪些内容？"他的回答是："只存在一种成功的战略，那就是仔细地定位目标市场，并且直接向该目标市场提供一流的产品或服务。产品或服务在一个或几个方面的独特表现必须是一流的，例如更好的质量、更多的特色、更低的价格或者物超所值。不然，企业的产品或服务就只能是对他人产品或服务的简单模仿，缺乏吸引消费者的独创特质"。

所谓市场定位，就是让品牌在消费者的心目中占据最有利的位置，使品牌成为某个类别或某种特性的代表品牌。市场定位的实质是使本品牌与其他品牌严格区分开来，使顾客明显感觉和认识到这种差别，从而在顾客心目中占据特殊的位置。

不同的企业会采用不同的方式进行产品的市场定位，当然有时同一个企业也会运用不同的方式对产品进行市场定位，但是要保证定位的排他性特征。例如，感冒药"白加黑"的产品属性特征是白天服用白色的药片，晚上服用黑色的药片，于是企业就将该产品属性特征清晰地展示在了它的产品名称即"白加黑"和广告语"白天吃白片，晚上吃黑片"上。企业通过这种定位有效地将本企业生产的感冒药与竞争企业的产品加以区别。再如，台湾顶新集团将其旗下的方便面品牌"福满多"定位为价廉物美的产品，将同样是其旗下的"康师傅"品牌方便面定位为高品质产品。美国米勒啤酒公司曾将其原来唯一的品牌"高生"啤酒定位于"啤酒中的香槟"，吸引了许多不常饮用啤酒的高收入妇女。后来发现，占30%的狂饮者大约消费了啤酒销量的80%，于是，该公司在广告中展示石油工人钻井成功后狂欢的镜头，还有年轻人在沙滩上冲刺后开怀畅饮的镜头，塑造了一个"精力充沛的形象"，并在广告中提出"有空就喝米勒"，从而成功占领啤酒狂饮者市场达10年之久。美国另一家啤酒公司推出了一种低热量的啤酒，将其定位为"喝了不会发胖的啤酒"，以迎合那些喜欢饮用啤酒但又担心发胖的消费者的需要。

总之，市场定位的关键是企业要设法在自己的产品上找出比竞争者更具有竞争优势的特性。

四、网络目标市场定位

网络目标市场也叫网络目标消费群体，是指企业商品和服务的网络销售对象。网络目标市场定位是指确定企业品牌在网络目标消费群体心目中的形象和地位，并与竞争对手有所区别，以便获得市场竞争优势。

网络目标市场定位

 学习资源

市场定位策略

企业进行市场定位，就是要着力宣传那些会对其目标市场产生重大影响的差异，以确定企业在目标顾客心目中的独特位置。企业可以依据提供给目标市场的产品或服务、本身拥有的资源、目标市场的消费者、竞争对手状况等因素来进行市场定位，以在消费者心中形成明显区别于竞争对手的差异。

企业最常用的市场定位策略有以下几种。

1. 属性定位

针对消费者或者用户对某种产品的某一特征或属性的重视程度，强有力地塑造出本企业产品与众不同的鲜明个性或形象，并把这种形象生动地传递给顾客，从而使该产品在市场上确定适当的位置。

2. 利益定位法

根据产品所能满足的需求或所提供的利益、解决问题的程度来定位。例如企业每天都要和国外各分公司联络，因此使用传真机能节省大量的国际电话费；牙膏有苹果的香味，闻起来很香，可以让小朋友每天都喜欢刷牙，避免牙齿被蛀；某种鞋是设计在正式场合穿的，但鞋底非常柔软富有弹性，很适合上下班步行的职员。

厂商从产品设计、生产角度赋予商品能满足目标市场客户喜好的特性及优点，但不可否认的一个事实是每位客户都有不同的购买动机，真正影响客户购买的决定因素，绝对不是因为商品优点和特性加起来最多。商品有再多的特性和优点，若不能让客户知道或客户不认为会使用到，对客户而言都不能称为利益。反之，企业若能发掘客户的特殊需求，找出产品的特性及特点，满足客户的特殊需求，或解决客户的特殊问题，这个特点就有无穷的价值。

3. 产品使用者定位

产品使用者定位法即正确找出产品的使用者或购买者，使定位在目标市场上显得更突出。如一家网络化妆品专卖店，可以将目标市场集中在某一女性群体，并明确她们的年龄、职业、兴趣爱好、社会地位、地理区域等。

4. 竞争者定位

这种定位法是直接针对某一特定竞争者，而不是针对某一产品类别。在某些时候，企业将自己和某一知名的竞争者比较，是进入潜在顾客心中的有效方法。挑战某一特定竞争者的定位法，虽然可以获得成功（尤其是在短期内），但是就长期而言，也有其限制条件，特别是挑战强有力的市场领袖时。市场领袖通常会更努力巩固其地位，所以挑战企业必须明确是否拥有所需的资源，是否有能力提供使用者认为具有明显差异性的产品。

5. 价格定位

价格是消费者购买商品时要考虑的最重要因素之一。网上购物之所以具有生命力，重要的原因之一是因为网上销售的商品价格普遍低廉，如当当网曾谈到自己"不是网上打折的开先河者，但一定是在网上打折出售热卖商品的领跑者"。为了实现这一点，当当网有一套独特的成本控制和灵活的经营理念，当当网进货量大，可以拿到较低价位的货源，直接从厂家进货，减少了中间环节，降低了成本，让利于消费者。

6. 空当定位

这种定位策略是指企业把产品或网络服务定位在那些为许多顾客所重视的但未被开发的市场空间。实施空当定位策略时企业必须考虑以下问题：市场空当是否还未被竞争者发现且有一定的规模，同时自身有足够的资源和能力。

7. 多重定位

企业将市场定位在几个层次上，或者依据多重因素对产品进行定位，使产品给消费者的感觉是多种特征、多重效能。作为市场定位体现的企业和产品形象，必须是多纬度、多侧面的。

（根据豆丁市场营销专栏资料整理）

第二部分　任务训练

网络目标市场定位如表 2-8 所示。

表 2-8　网络目标市场定位

任务编号：NMPT-2-6	学时：2 学时
实训地点：校内专业实训室	小组成员姓名：

一、任务描述
1. 演练任务：网络目标市场定位；
2. 演练目的：学会细分与选择目标市场，掌握市场定位方法与策略；
3. 演练内容：选择一个营销主体，分析企业网络营销的目标市场群体特征，完成目标市场定位

二、相关资源
1. 请查阅所选营销主体的官方网站、公众号、网店等全面了解其目标市场；
2. http：//www.docin.com/p-321054825.html 企业网络营销的目标市场定位与策略分析

三、任务实施
1. 每小组选择一个营销主体，注意与上次任务的营销主体保持一致；
　（七选一：安吉白茶、百雀羚、盼盼食品、海洋公园、抗感冒药、面膜、薯片）
2. 小组讨论确定营销主体的目标消费群体及特征；
3. 小组讨论完成营销主体的网络目标市场定位

四、任务成果
1. 确定营销主体的目标消费群体及特征（可从年龄、性别、职业、性格等方面描述）；
　××××的目标消费群体是：

　例：安吉白茶的目标消费群体是：85 后、95 后为主，工作压力大，忽略身体健康，处于亚健康状态的年轻职业白领

2. 确定营销主体的网络目标市场定位（即：在消费者心理上刻画出一个独特的形象和占据有价值的位置）

　××××的网络目标市场定位（用一句话表示）：

　例：安吉白茶的网络目标市场定位（用一句话表示）：安吉白茶——中国养生白茶领导者
　JEEP 自由侠汽车的网络目标市场定位（用一句话表示）：JEEP 自由侠——年轻人的第一辆 SUV

续表

五、任务执行评价

任务评分标准

序号	考核指标	所占分值	备注	得分
1	上交情况	10	是否在规定时间内完成并按时上交	
2	完整度	10	按框架完成，少一部分扣5分	
3	目标消费群体	40	从年龄、性别、职业、性格等方面描述，准确界定营销主体的目标消费群体及特征	
4	网络目标市场定位	40	分析准确、定位合理，简洁明了，在消费者心理上刻画出一个独特的形象和占据有价值的位置	
			总分	

指导教师： 　　　　　　　　　　　　　　　　　日期：　　　年　　月　　日

扫码下载
任务单

第三部分　活页笔记

学习过程：

重难点记录：

学习体会及收获：

资料补充：

《网络营销策划》活页笔记

模块三

营销策略与创意设计

知识目标

- 掌握营销主题的内涵。
- 掌握整合营销策略。
- 掌握完整的活动策划流程。
- 掌握 KOL 营销技巧。
- 了解营销策略的发展史。
- 熟悉创意产品设计优秀案例。
- 熟悉线上线下整合营销案例。
- 熟悉卡通形象代言人的常见分类。

技能目标

- 能够综合分析营销环境，提出有创意的营销主题。
- 能够熟练使用各种营销策略进行整合营销。
- 能够根据营销主题进行创意活动策划与产品设计。
- 能够进行 KOL 营销策划。
- 能够结合品牌调性设计有创意、有特色且实用的周边产品。
- 能够灵活设计卡通代言形象。

素质目标

- 培养学生信息收集、筛选、整理能力。
- 培养学生开放性思考能力和丰富的想象力。
- 培养学生整体观和大局观。
- 培养学生优秀的创意能力。
- 培养学生良好的团队协作能力。

任务七　营销主题确定

> **励志微语：**
> 时间对于那些别出心裁的小花样是最无情的。

第一部分　知识学习

扫码观看
详细案例

王老吉凉茶的营销主题——"吉有可能"

经过调研，王老吉凉茶深感品牌年轻度不够，于是确定了面向18~35岁的年轻群体的营销策略，并且将"吉有可能"确定为年度营销主题。

年轻群体在奋斗路上容易困惑、浮躁，王老吉可以帮助其拨开迷茫，消除浮躁；年轻群体渴望成功，成就一番事业，"吉文化"是对其最美好的祝福和鼓励。王老吉是年轻群体奋斗路上的陪伴者，它将帮助所有的有志青年一路前行，是他们成功路上的幸运之神。

"吉有可能"将王老吉自身蕴含的"吉文化"和渴望成功的消费者的心理诉求进行结合，让人自动联想到"极有可能"，既是王老吉对于消费者的祝福和鼓励，同时也是消费者对自己美好未来的勉励和期望。这加强产品与年轻群体的情感沟通，树立年轻化的品牌个性，进而产生品牌好感并促进销售。王老吉凉茶营销主题解构如图3-1所示。

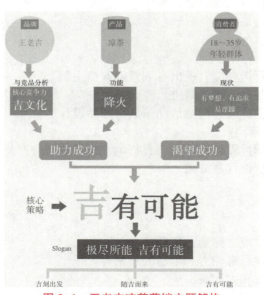

图3-1　王老吉凉茶营销主题解构

（选摘自"学院奖"获奖作品）

知识链接

一、营销主题

营销不是硬销，也不是呆板的钱与物的交换。营销和销售不仅在语义上有差别，实质上也有差别。销售（包括推销、促销）着重卖方的需求，营销则着重买方的需求。营销要深挖产品本身的内涵，切合消费者的需求，从而让消费者深刻了解该产品进而购买。成功的营销都会有一个鲜明的、有特色的和吸引人的主题，容易引发广大消费者的关注。

那么什么是营销主题呢？在营销活动中，我们从所推广产品的历史渊源、文化背景、风土人情、产品特色等方面挖掘出一个营销点，注入一种思想，一种理念，一种象征，使原本单纯、枯燥的销售活动变为情感的交流，从而激发顾客的购买欲望，使顾客在购买和使用商品过程中得到精神享受和欲望满足，产生一种心理共鸣。一个好的营销主题会让销售活动更人性化，让销售也具有了灵魂。

一个产品或品牌的营销会使用多种方法和策略，如软文营销、线下活动、微视频、事件营销、冠名节目等，当营销主题确定后，所有的营销策略均需围绕营销主题来进行。每种策略不再是孤立的、脱离的，通过营销主题串连起所有营销策略，以形成合力达到营销目标的最大化。

如修正药业针对患有颈腰椎健康问题的中青年人群推出了一款腰颈康产品，特意策划了一场以"亲爱的妖精，你好！"为营销主题的网络营销活动。"妖精"为"腰颈"的谐音，以一种轻松诙谐的方式引起年轻群体对"腰颈"健康的关注，从寻找妖精、陪伴妖精到致敬妖精，围绕营销主题来串联所有营销策略（注：可查阅模块二中修正药业颈腰康营销策划案），层层深入，传达了"健康、快乐、感恩"的理念，最终目的为引起年轻人对颈腰健康的重视。活动体现了修正颈腰康这一品牌的人文情怀和社会责任感，得到了广大目标消费群体的关注和认可。

案例点击

做年轻人的品牌 阿一波紫菜在"变"中前进

"我会做紫菜蛋花卷。""紫菜蛋炒饭不错！""我们家最喜欢吃紫菜海蛎丸子。"……2020年初，疫情当下，一场由阿一波紫菜主导并在全网发起的"紫菜变变变"活动（如图3-2所示），在短短不到一周的时间，收获千万级的关注度，吸引了一大批年轻人参与，晒出自己的美食作品。

一说到紫菜，很多人会想到"紫菜蛋花汤"，紫菜原来是最普通的家常菜"配角"，现在紫菜被越来越多的年轻人喜欢，从"配角"摇身成为"主角"，关于紫菜的各种美食层出不穷。

图 3-2 "紫菜变变变"活动海报

"做这个活动之前,我们调研了小红书、微博、抖音等社交平台,同时又对下厨房、懒饭等美食垂直平台做了一番调研,让我们惊喜的是关于紫菜的美食很多,种类很丰富,有日式、韩式风格的菜谱,也有复工便当,儿童辅食,还有各种创新的紫菜菜谱。"阿一波市场营销总监白立章表示,紫菜从配角走向主角已成趋势,年轻人对紫菜已经有了新的认知。

为了迎合年轻人的口味,阿一波策划以"紫菜变变变"为营销主题,并通过微博话题、小红书、抖音达人种草等多种新媒体营销方式,整个活动持续两周,收获了千万级的关注度,不少网友晒出了各种脑洞大开的紫菜美食。如紫菜可乐煲、紫菜鲜虾汤、紫菜馄饨、紫菜饭团等美食,极大地丰富了紫菜的菜谱,把紫菜玩出了个性、乐趣。活动主题鲜明、效果明显,极大地提升了品牌在年轻消费群体中的知名度。

(根据晋江新闻网资料整理,记者:蔡明宣)

二、营销主题与市场定位的区别

一般来说,企业每次搞网络营销活动均应确定一个特色鲜明、吸引力强的营销主题,当然营销主题仅仅是一次活动的主题,下次活动可能换成另一个全新的主题。营销主题可以多次创新,每次不同,持续给消费者新鲜感。而市场定位是品牌的基石,一旦确定原则上不能更改。营销主题的确定需基于市场定位,有助于强化市场定位。

案例点击

《战狼2》聚积爱国情怀

电影《战狼2》票房突破 50 亿元大关，将国产片票房纪录又推上了一个台阶。凭借骄人的票房，《战狼2》成功进入全球电影史票房排行前 100 名。这是亚洲电影首次入席，《战狼2》成为前 100 名里唯一一部非好莱坞电影。

《战狼2》还创造了另一项纪录——该片的中国市场观影人次达 1.4 亿，成功超越《泰坦尼克号》北美市场观影人次 1.38 亿的纪录，创造了世界影史"单一市场观影人次"新纪录。鉴于目前发行方已选择密钥延期一个月，放映期跨度从 7 月 27 日至 9 月 28 日长达两个月，而且将加映 IMAX 版本，可以预见，《战狼2》的票房和观影人次还将继续创造新纪录。

可以说，《战狼2》已经成为一种文化现象。其票房超出《泰囧》《捉妖记》《美人鱼》等曾经的国产电影票房冠军一大截的事实，充分说明爱国主义是中国民众内心最深沉的精神基因，是流淌在国民血脉里的文化寄托。这再次说明，只要秉承工匠精神，在艺术性上、制作上精益求精，爱国主义题材影视作品一定能够得到大家的认可，获得票房的回报。

《战狼2》的成功绝非偶然。过去这些年，很多爱国主义题材作品受到了民众的欢迎。曾经的国产影片票房冠军《建国大业》，反映红军英雄部队"红三十四师"感人事迹的电视剧《绝命后卫师》，以及两年前的《战狼1》等，都既叫好又叫座。这些足以表明，爱国主义主旋律作品可以获得市场的成功，而市场的成功更能提高主旋律作品的传播效果。

中华民族拥有 5000 年辉煌的文明史，也有 100 多年受屈辱、受压迫的历史。在国人心中，爱国主义情感难以磨灭。今日之中国，正前所未有地接近世界舞台中央；今天的中国人，正前所未有地把自己的足迹留在世界的各个角落。在国家、民族依然是世界交往主体的今天，高扬爱国主义既顺应了国民的历史情怀，也回应了国民的现实关切。一位老华侨在海外看了《战狼2》后动情地说："越是身在海外，越能体会到爱国的含义，这样的电影给海外华人民族自豪感的提升提供了一个很好的机会。"在互联网让世界变成地球村，越来越多国人走出国门的今天，这位老华侨的感情不难为国人所体会，这正是《战狼2》火爆的原因。

其实，宣扬爱国主义是包括中国在内的很多国家电影的共同基调。《战狼2》讲述的"冷锋"的中国故事，摸准了国民脉搏、回应了国民心声、符合了国民审美、释放了国民激情，是一部当下国民情感喜好的现实反映和历史记录，在中国电影史上，在中国国民心态史上，在中国文化史上，都会留下浓墨重彩的一笔。

(光明日报，2017-08-22 版，作者：罗涵)

(编者注：《战狼2》讲述了一个国产英雄只身在战争动乱中拯救同胞的故事。除了营造恢弘的背景和酷炫激情的动作场面外，这部电影的情感营销也非常成功。《战狼2》

营销策略的核心是爱国情怀，电影中那句"犯我中华者，虽远必诛！"的台词也成为影片整体营销宣传的核心基调。另外，借势顺势进行营销。《战狼2》上映正值建军90周年前夕，朱日和沙场点兵，印度非法越境，这样一部高度赞扬国魂军魂的军旅题材影片自然点燃了国人的爱国激情。古语云：虽有耕耘，不如得时；虽有智慧，不如乘势。企业的品牌营销同样要做到伺机而动，顺势而为。）

学习资源

1. 盼盼艾比利透明装薯片营销策划案（"学院奖"获奖作品）

扫码观看
策划案全本

2. B.Duck 小黄鸭品牌营销策划案（"学院奖"获奖作品）

扫码观看
策划案全本

第二部分　任务训练

营销主题的确定如表 3-1 所示。

表 3-1　营销主题的确定

任务编号：NMPT-3-7	建议学时：2 学时
实训地点：校内专业实训室	小组成员姓名：

一、任务描述

1. 演练任务：营销主题的确定；
2. 演练目的：学会综合分析营销环境，提出有创意的营销主题；
3. 演练内容：小组根据选定的营销主体，结合当下营销环境，讨论确定营销主题

二、相关资源

1. 请查阅所选营销主体的官方网站、公众号、网店等了解其营销环境和产品特点；
2. 请扫码查阅学习资源中优秀作品

三、任务实施

1. 每小组选择一个营销主体，注意与上次任务的营销主体保持一致；
   （七选一：安吉白茶、百雀羚、盼盼食品、海洋公园、抗感冒药、面膜、薯片）
2. 小组讨论确定本次营销活动的营销主题并阐述营销主题创意点

四、任务实施

1. 确定营销主题

   本组选择的营销主体是_____，确定的营销主题是_____。

   例 1：本组选择的营销主体是 修正药业腰颈康产品，确定的营销主题是 亲爱的"妖精"您好

   例 2：本组选择的营销主体是 王老吉凉茶，确定的营销主题是 "吉"有可能

2. 营销主题创意点阐述（不少于 100 字）

   营销主题创意点：_____

   例 1：

   　营销主题创意点："妖精"为"腰颈"的谐音，以一种轻松诙谐的方式引起年轻群体对"腰颈"健康的关注，从寻找妖精，陪伴妖精到致敬妖精，层层深入，传达了"健康，快乐，感恩"的理念。最终目的为改变年轻人对颈腰健康的态度，体现了修正颈腰康这一品牌的人文情怀和社会责任感。

   例 2：

   　营销主题创意点："吉"有可能将王老吉自身蕴含的"吉"文化和年轻人渴望成功的心理诉求进行结合，让人自动联想到"极有可能"，既是王老吉对于消费者的祝福和鼓励，同时也是消费者对自己美好未来的勉励和期望，这就加强产品与年轻群体的情感沟通。后面的营销策略特别突出将生活中种种看起来不可能的事情变成"极"有可能，从而让受众产生品牌好感并促进销售。

续表

五、任务执行评价

任务评分标准

序号	考核指标	所占分值	备注	得分
1	上交情况	10	是否在规定时间内完成并按时上交	
2	完整度	10	按框架完成，少一部分扣 5 分	
3	营销主题	20	简洁明了，有吸引力	
4	营销主题质量	60	营销主题富有创意和正能量，让受众产生品牌好感并促进销售	
总分				

指导教师：

日期：　　　年　　月　　日

扫码下载
任务单

第三部分　活页笔记

学习过程：

重难点记录：

学习体会及收获：

资料补充：

《网络营销策划》活页笔记

任务八　制定营销策略

> **励志微语：**
> 不要只因一次挫败，就忘记你原先决定想达到的远方。

第一部分　知识学习

案例引入

请鸽子做广告，不花钱

　　美国联合碳化钙公司新建的52层高的总部大楼竣工，一大群不期而遇的鸽子却飞进了大楼里，并在那里定居起来。

　　企业策划人员敏锐地意识到这群不速之客可以好好利用下，他们决定制造一场新闻。

　　他们首先与动物保护协会取得联系，这是计划的第一步，让这群鸽子引起更大的关注，他们请求动物保护委员会迅速派人来处理这起有关保护动物的事。动物保护委员会也十分重视，立即派人前往新落成的总部大楼处理此事，并且还带了网兜，因为要保护鸽子，必须小心翼翼一只只捉。

　　之后，他们又将信息爆料给新闻界，告诉他们有一群奇怪的鸽子飞进了总部大楼，动物保护委员会将会去捉鸽子。

　　追求新鲜的新闻界认为，这么多鸽子飞进总部大楼本身就是稀奇事，再加上动物保护委员会还将对它们采取保护措施，这确是一条有价值的新闻。于是，电视台、广播电台、报社等新闻媒体前来现场采访和报道。

　　动物保护委员会把鸽子全部捉完，花了三天时间，在这三天时间里，媒体进行了跟踪报道，使公众对此事件产生了浓厚的兴趣，人们的注意力全被吸引到联合碳化钙公司和那座刚刚竣工的总部大楼上来了，并且口口相传，联合碳化钙公司名声大振。

（根据网络资料整理）

知识链接

一、营销策略 5.0 时代

当今社会，由于信息科学技术高速发展，消费方式发生巨大的变化，现代市场行情变得更为错综复杂，市场竞争异常激烈。任何企业要想成功进入、占领、巩固和扩展市场，采用正确的营销策略显得尤为重要。简单来说，营销策略就是为达成企业营销战略、目标而采取的方法和手段。任何一个策略的成功实施都需要做好精心的准备。

在业内，一般将营销策略的发展史分为五个阶段。

1. 营销策略 1.0 时代。

20 世纪 50 年代到 90 年代前期，以产品为核心，奉行 4P 思维，即产品、价格、渠道、促销。比如家电产品必须进入大卖场（渠道），然后通过价格、促销等方式争夺客户。目前仍有不少企业用 4P 思维对市场进行运营。

2. 营销策略 2.0 时代。

20 世纪 90 年代，由于同类型产品极大丰富，企业生产产品后不一定卖得掉，所以企业开始关心消费者需要什么。因为只有按照消费者需要生产出来的产品，才能在市场畅销。此阶段 4C 思维即客户、成本、方便、沟通逐渐取代了 4P 思维，以顾客为核心，强调双向的沟通，关键词是情感、顾客区隔和细分，用客户定位和客户画像将客户细分去"定点爆破"，深度挖掘客户需求。这个时代还有一个很著名的关键词，叫做品牌的时代，企业营销重点是打造消费者的心智定位，就是品牌的塑造与品牌价值的沟通。例如在国内当时很流行的"怕上火就喝王老吉""送礼就送脑白金"等都是极具代表性的 4C 营销活动。

3. 营销策略 3.0 时代。

进入到 21 世纪，这个时代又称为互联网时代。因为互联网的发展，使得企业与客户沟通更加直接，方便企业更深入地了解客户。营销 3.0 时代也称为 CRM（Customer Relationship Management，客户关系管理）时代。企业与客户是命运共同体，企业关心客户，客户反馈以忠诚。CRM 概念指出，客户才是企业最重要的资产，企业应该关注客户第一次消费后，如何促成再次复购、如何深化客户黏性、如何创造客户最大价值，也就是整个客户生命周期的管理。一个老客户的价值是新客户价值的 5 倍，所以企业应当更专注老客户的留存与增长。

4. 营销策略 4.0 时代。

2010 年后，移动互联技术的逐渐成熟，电信服务从 3G 步入 4G，带宽提升使得手机成为人们寸步不离的信息工具，信息的取得与发出成为瞬间的事，移动生活的趋势成为消费者行为变化的一个重要指标。加之社交媒体的出现，朋友间的推荐、裂变成为新的营销强大路径。基于朋友圈经济的微商模式横空出世，人人都可以做老板做营销。抖音、小红书等新媒体更使得个人生活娱乐以及企业打造品牌的模式都发生了巨大改变。

这些在 2010 年以后发生的巨大变化，使得营销学上原有的 4P、4C、4R 概念受到了根本性的挑战，因为人们的信息取得方式发生了重大改变，而且这些不同媒体又不再可以"买到"，而是需要有不同的方法来管理。基于客户行为的多样化与个别消费者的差异化，企业必须考虑新媒体。与此同时，传统媒体也无法完全抛弃，因此营销策略 4.0 时代是一个必须整合运用媒体的时代。以社群为核心，利用媒体整合和精准化的大众营销，用有情感的内容和精准的形式去"整体爆破"，发掘爆款，解决痛点。

5. 营销策略 5.0 时代。

2018 年以来，随着线上线下获客成本大幅上升，尤其是 90 后、00 后顾客稍不满意，他们立即会选择用脚投票，客户流失速度加快。因此，自建流量池（私域流量）社群化运营、粉丝经济、场景融合一站式营销、直播营销成为热点。对企业来说，更应该思考如何从不断变化的消费者动态和大数据中挖掘商业潜能，通过信息平台实现对消费者数据的留存、分析和赋能，实现和消费者的充分互动。企业必须以用户为中心，建立核心用户群体（或称粉丝群），让他们参与到品牌从产品研发到销售的各个环节中来。总之，在获客成本不断上升的环境下，应当运用最新科技，开发品牌和粉丝深层互动情感连接的产品，增强共鸣、增强黏性、增强信任，延长用户生命周期，提升客户的商业价值。

二、整合营销

整合营销

常见的营销策略有微博话题、视频广告、微电影、线下推广、事件营销、论坛营销、软文营销、广告语文案、海报设计、户外公共广告、娱乐营销、App 开发等。

企业面对的网络营销环境是复杂、多变和快变的，因此很少有企业仅仅使用一种营销策略进行网络营销。面对竞争激烈的市场，企业一定要分析具体的内部条件和外部环境，灵活使用多种营销策略，并且对策略进行合理组合，充分发挥整合营销的协同效应，达到 1+1>2 的传播效果。

在运用整合营销时，策略的组合既要有利于长期发展又要有利于短期操作，各种策略要以统一的目标和统一的传播形象，传递清晰、一致的产品信息，实现与消费者的双向沟通，迅速树立企业和品牌在消费者心目中的地位，建立品牌与消费者长期密切的关系，有效达到广告传播和产品行销的目的。

学习资源

营销策略之微博话题

1. 通过新颖的话题达到传播的目的，如一个好玩的话题、视频、图片，令消费者感到惊讶，或者会心的一笑；用户愿意转帖来和好朋友分享。

2. 通过意见领袖微博达到传播目的，如果想让品牌、产品传播快，那么一定要锁定重要的意见领袖，并引导意见领袖去讨论、传播产品。

3. 善用免费促销模式。企业可以通过自己的微博进行一系列长期的免费派送、促销活动，放大传播的影响力，更厉害的是病毒传播，可以迅速树立起互联网时代粉丝对品牌的膜拜。另外可以通过这样的活动来获取消费者的参与，试销新产品，获得用户反馈，以此收集市场信息。

营销策略之创意视频营销

创意视频，是指通过创意方法将广告植入到一段视频中，视频一般为原创拍摄或视频剪辑而成，可以通过互联网像病毒一样传播和扩散至数以万计、数以百万计的受众。

内容特点：极富创意和幽默感；富有故事性；软性传播。

视频时长：一般为1~5分钟的短视频。

营销策略之软文营销

软文营销的特点是精彩文章+嵌入产品信息。

与硬广告相比，软文之所以叫做软文，精妙之处就在于一个"软"字，好似绵里藏针，收而不露，克敌于无形。软文追求的是一种春风化雨、润物无声的广告传播效果。要使软文营销获得成功，可以关注以下四点：一是要有具有吸引力的标题；二建议抓住热点，利用热门事件和流行词嵌入话题；三要注意情感营销，文字能走进消费者的内心；四要注意广告内容自然融入，切勿令用户反感。

营销策略之事件营销

事件营销，是指企业通过策划、组织和利用具有名人效应、新闻价值以及社会影响的人物或事件，吸引媒体、社会团体和消费者的兴趣与关注，以求提高企业或产品的知名度、美誉度，树立良好品牌形象，并最终促进产品或服务销售。

鉴于人的好奇心理以及事件本身生动性与新闻性，借助事件做营销传播常会获得更多更快的回应。

一个事件如果成了热点，就会成为人们津津乐道、相互沟通的话题，传播层次不仅仅限于看到新闻的读者或观众，还可以形成多次传播，扩大事件传播的广度。

第二部分 任务训练

营销策略的确定如表 3-2 所示。

表 3-2 营销策略的确定

任务编号：NMPT-3-8	学时：4 学时
实训地点：校内专业实训室	小组成员姓名：

一、任务描述

1. 演练任务：营销策略的确定；
2. 演练目的：熟练使用各种营销策略进行整合营销；
3. 演练内容：根据选择的营销主体和确定的营销主题，小组分工协作制定组合营销策略，策略不少于 5 种

二、相关资源

1. 请查阅所选营销主体的官方网站、公众号、网店等了解其营销环境和产品特点；
2. 请扫码查阅学习资源中优秀作品

三、任务实施

1. 每小组选择一个营销主体，注意与上次任务的营销主体保持一致；

   （七选一：安吉白茶、百雀羚、盼盼食品、海洋公园、抗感冒药、面膜、薯片）

2. 小组分工协作制定组合营销策略，策略不少于 5 种

四、任务成果

1. 本组选择的营销主体是＿＿＿＿＿＿＿＿，确定的营销主题是＿＿＿＿＿＿＿＿。

   （注：与前一任务单保持一致）

2. 围绕营销主题谋划并制定多种营销策略，策略可从以下几方面选择：微博话题、视频广告、微电影、线下推广、事件营销、论坛营销、软文营销、广告语文案、海报设计、户外公共广告、娱乐营销、App 开发等，策略不少于 5 种，必选视频（或微电影）、软文、海报，其余策略自定。

   （必选）策略 1：视频（或微电影）（建议参考 8 个全本策划案中的设计）
   视频（或微电影）主角设计：
   视频（或微电影）剧情设计：

   （必选）策略 2：软文
   软文标题：
   软文内容：

续表

（必选）策略3：海报（需有文案）

海报设计如下图：

策略4：自定

策略5：自定

五、任务执行评价

任务评分标准

序号	考核指标	所占分值	备注	得分
1	上交情况	10	是否在规定时间内完成并按时上交	
2	完整度	20	策略不少于5种，少一个策略扣5分	
3	视频（或微电影）质量	20	主角形象明晰，视频（或微电影）剧情有吸引力，富正能量	
4	软文质量	20	有吸引力，文字优美，阅读效果好	
5	海报质量	20	美观大方，广告主体突出，文案有创意	
6	其它策略	10	富有创意和正能量	
			总分	

指导教师：

日期： 年 月 日

扫码下载任务单

第三部分　活页笔记

学习过程：

重难点记录：

学习体会及收获：

资料补充：

《网络营销策划》活页笔记

任务九 创意活动策划与产品设计

> **励志微语：**
> 读书使人充实，讨论使人机智，笔记使人准确。

第一部分 知识学习

乾红早春茶结合奥运会热点进行的创意活动策划

乾红早春茶品牌在 2016 年奥运会期间，在微博发起了"奥运健儿，这杯茶我敬你！"话题活动，如图 3-3、图 3-4、图 3-5 所示，号召网友为每位获得奥运奖牌的中国健儿敬上一杯茶，活动吸引了众多网友参加，起到了较好的效果。

图 3-3 "奥运健儿，这杯茶我敬你！"话题活动

图 3-4 "奥运健儿，这杯茶我敬你！"微博话题

微信公众平台图　　　　微信网友转发评论图

图3-5　"奥运健儿，这杯茶我敬你！"公众号活动

（根据"学院奖"获奖作品整理）

知识链接

一、创意活动策划

在个性化消费需求日益明显的网络营销环境中，通过创新，创造与顾客的喜好、个性化需求相适应的产品特色和服务特色，是提高效用和价值的关键。

在网络营销方案的策略思考过程中，必须在深入了解网络营销环境尤其是顾客需求和竞争者动向的基础上，通过策划一些有创意、有吸引力、容易引发传播的活动以及有创意的产品（如外包装、礼盒等），增强品牌和产品的影响力和公益形象。

完整的活动策划流程一般分为三步：明确活动目的、产出活动创意、输出活动方案，如图 3-6 所示。

图 3-6 活动策划的流程

第一步：明确活动目的。一般来说，活动目的包括拉新、促活、成交、传播。根据不同目的，可以制订不同的活动方案。

第二步：产出活动创意。产出活动创意一般分为以下五个步骤，如图 3-7 所示。

图 3-7 产出活动创意的步骤

收集——收集网上各种活动玩法；套用——选择最合适的活动玩法并将该玩法套用到自己的活动中去；改编——根据活动目的做出能够提升转化效果的改动；选择——通过内部测试或外部小范围测试，选择转化效果最好的活动创意；产出——确定最终方案并产出。

最好结合当下热点进行创意活动策划，因为时下的热点是自带流量的，只要活动与热点相关，不用推广都会有流量的自增长。当然，要结合热点的话，策划人员一定要每日必刷流行 App 的热搜和热门榜，比如说微博热搜、百度热搜风云榜、新榜资讯等，从中敏锐地捕捉灵感。

第三步：输出活动方案。活动方案一般包括以下内容：活动主题、活动背景、活动创意/玩法、活动目的、活动时间、活动流程、推广渠道、资源需求及活动预算。

二、创意产品设计

随着90后、00后逐渐成为消费主体，社交媒体成为主流传播平台，知名品牌的每一次更新升级，都是一次颜值和创意的双重比拼。几乎所有品牌都企图"讨好"年轻人，因为他们是未来消费的主力军，被他们抛弃预示着淘汰，而被他们接受意味着市场。

以世界知名品牌可口可乐为例，可口可乐公司自1886年成立至今，已经有100多年的历史，具有独特口味的可乐伴随了一代又一代年轻人的成长，一直被誉为"最正宗的可乐"。但是，时代在发展，年轻人在变化，100多岁的可口可乐要想赢得当代年轻人的青睐就必须符合他们的思维和生活方式。于是，在2013年夏天，换上了"萌外衣"的新装可口可乐昵称瓶（如图3-8所示），针对当下年轻人，展开了它的青春逆袭。

图 3-8　新装可口可乐昵称瓶

"文艺青年""小清新""高富帅""天然呆""喵星人""吃货""纯爷们"，当这些年轻人用来标志自己的昵称出现在可口可乐的新包装上，年轻人追求个性和潮流的心理得到了极大的满足，可口可乐也在年轻人心目中树立起了一个新的形象。

那么，这样大胆有趣的创意是怎么得到的呢？据负责可口可乐这一项目的代理公司李奥贝纳广告公司介绍，该方案灵感来自澳洲可口可乐发起的"Share Coke"营销活动，他们将澳洲全国最常见的150个名字印在可乐瓶/罐上，而且为这150个名字量身定做了150首可乐歌。听见自己的名字变成了歌曲，真的是一种从未有过的感觉。活动期间，澳洲可口可乐的销量同比增长4%，短短三个月的时间，年轻消费者增长7%。不过，将创意"本土化"的过程却遇到了一些困难。中国人的名字实在太多了，如果照搬的话，这个创意几乎无法实行。

怎么办呢？李奥贝纳的一项消费者调研显示，一些昵称在社交网站上十分流行。现在的年轻人更倾向于无论在现实生活还是网络中都使用昵称。基于以上洞察，可口可乐发想出了"昵称瓶"的创意，希望通过这个既具有社交化特色又有文化关联的方式来加强人们之间的联系，鼓励年轻人与好朋友分享，拉近彼此的距离。活动也正如他们最初所预想的，激发了当下年轻人的分享热情，他们纷纷在社交网站上自发传播与分享"昵称瓶"。

正如可口可乐大中华区品牌公关经理王静所说："快乐和分享是可口可乐倡导的品牌精神。多年来，我们一直尝试用各种新的方式和方法与消费者沟通，贴近他们的生活。"可口可乐主动与年轻人交朋友，加深了与年轻人的情感沟通。这个过程实际上是可口可乐重新构建消费者对其品牌认知的过程，即在可口可乐已有形象的基础上，给它赋予新的含义，以适应消费者群体的变化，从而继续确保其市场领导者的位置。

"昵称瓶"取得巨大成功后，可口可乐又相继推出了歌词瓶、台词瓶、点赞瓶、密语瓶等多款创意瓶身设计，"玩瓶策略"在众多年轻消费者中掀起了一阵阵浪潮。2018年3月，延续经典的红色包装，可口可乐又推出了21款"城市罐"，包括北京范、上海潮、广州味、杭州媚、厦门风、洛阳韵、青岛浪、成都闲……将每个城市都用一个字定位，总结出对于城市的印象，并进行了拟人的表达，设计出具有当地特色的人物形象作为瓶身图案，也传递出了年轻人的活力和朝气。

正是凭借着花样创新、粉丝经济等多维度营销方式，与新生代年轻人进行沟通互动，可口可乐成为当之无愧的"时尚营销之王"。

在这个消费升级的时代，产品功能背后彰显个性的虚拟价值越来越重要。可口可乐多变的包装设计增加了产品的附加值，品牌不再仅仅是去卖一个产品，而是一种心情、一种记忆、一种象征。

当品牌采用创意产品设计的营销策略时，需牢牢把握一点：**消费行为是一种情感运作**。消费者对创意产品的消费行为是一种文化或情境的情感发酵，所以产品应该具备诱发这些情感的元素，如风土人情、个性语录、历史文化、公益活动等。通过创意设计使产品具有感染力，引发消费者感动和共鸣，产品自然会自带推广力。

如农夫山泉面向青少年学生推出了一款学生矿泉水，包装采用了色彩鲜艳的"插画风"设计，以长白山春、夏、秋、冬四季为主题。整个设计极具想象力，充满了自然的风情与趣味（如图3-9所示）。春天的林蛙长出了翅膀，夏天的鹿先生头上繁花似锦，秋天的熊在等树上的鱼儿成熟，冬天的猞猁把自己装在鞋里溜冰，仿佛孩子们想象中的长白山自然世界。另外，瓶身采用了"运动盖"的设计，单手就能开关，开盖状态下，普通的侧翻、倒置都不会使水流出，只有在受压情况下才会出水，这种趣味设计非常适合孩子们使用。

2018年8月，《延禧攻略》《如懿传》等电视剧热播时，农夫山泉和故宫文化服务中心跨界合作，联手推出了一款农夫山泉故宫瓶（如图3-10所示），一上市就火遍网络。9幅馆藏人物画作，配以现代化温情解读，让宫廷中的帝王后妃们"瓶"水相逢。相信每一个加班的年轻人，在看到"工作使朕快乐"的康熙帝时，都能会心一笑。农夫山泉摇身一变成了"皇家山泉"，想不成网红都难。瓶身在以前只是品牌的展示窗口，随着广告营销的不断升级与创新，瓶身超越了简单的包装功能，成为创意营销的绝佳载体。

图 3-9 农夫山泉学生矿泉水"插画风"设计

图 3-10 农夫山泉故宫瓶

 学习资源

1. 安慕希公益活动

为鼓励更多人支援抗"疫"、奉献爱心，2020年2月15日至3月15日，安慕希发起"一起为健康加油"公益活动，如图3-11所示。消费者通过支付宝扫描安慕希的产品包装任意一种2020标志，即可为抗"疫"行动应援。每成功应援一次，安慕希就会捐助一包酸奶。

图3-11 "一起为健康加油"公益活动

2. 创意产品设计优秀作品欣赏

编者收集整理了一些创意产品设计优秀作品供读者学习借鉴，如图3-12、图3-13、图3-14、图3-15、图3-16所示。

图3-12 某品牌面膜创意设计

图 3-13 小极白白茶创意包装设计

图 3-14 王老吉罐装凉茶创意外观设计

图 3-15 王老吉瓶装凉茶创意外观设计

图 3-16 盼盼品牌红茶创意外观设计

(根据"学院奖"历届获奖作品整理)

第二部分 任务训练

创意活动策划与产品设计如表 3-3 所示。

表 3-3 创意活动策划与产品设计

任务编号：NMPT-3-9	学时：4 学时
实训地点：校内专业实训室	小组成员姓名：

一、任务描述

1. 演练任务：创意活动策划与产品设计；
2. 演练目的：掌握活动策划的步骤，学会设计有创意的产品；
3. 演练内容：选择一个营销主体，根据本人确定的营销主题进行创意活动策划与产品设计

二、相关资源

1. 让一个活动有创意的 7 种方法 http：//www.woshipm.com/operate/902490.html；
2. 如何策划一场完整的线上活动方案？https：//www.jianshu.com/p/f70a02171635；
3. 线上活动完整方案 http：//www.woshipm.com/operate/777831.html；
4. 查阅故宫口红、可口可乐歌词瓶台词瓶等创意产品的案例

三、任务实施

1. 每小组选择一个营销主体，注意与上次任务的营销主体保持一致；
   （七选一：安吉白茶、百雀羚、盼盼食品、海洋公园、抗感冒药、面膜、薯片）
2. 小组讨论，完成活动方案策划；
3. 小组协作完成创意产品设计

四、任务实施

1. 本组选择的营销主体是＿＿＿＿＿＿，确定的营销主题是＿＿＿＿＿＿
   （注：与前一任务单保持一致）

2. 创意活动策划（结合当下热点进行创意活动策划，写出具体方案）
   　　　具体方案：××××××创意活动方案
   活动主题：
   活动背景：
   活动创意：
   活动时间：
   活动目的：
   活动地点：
   活动流程：

续表

3. 创意产品设计（围绕选定的营销主体进行创意产品设计以提升产品的感染力，给出创意产品效果图）

（1）产品效果图

（2）创意说明

五、任务执行评价

任务评分标准

序号	考核指标	所占分值	备注	得分
1	上交情况	10	是否在规定时间内完成并按时上交	
2	完整度	10	按框架完成，少一部分扣5分	
3	创意活动策划	20	能结合当下热点进行创意活动策划，方案具体，可操作性强	
4	创意产品设计	60	产品效果图清晰，富有创意，创意产品不少于2个	
			总分	

指导教师：

日期：　　年　月　日

扫码下载
任务单

第三部分　活页笔记

学习过程：

重难点记录：

学习体会及收获：

资料补充：

《网络营销策划》活页笔记

任务十 活动推广

励志微语：
所谓工匠精神，就是要对自己的产品、作品精雕细琢、精益求精，以追求更完美。

第一部分 知识学习

 案例引入

21金维他线上线下整合营销案例

7月9日，国内知名街拍KOL——街拍滚叔更新了与21金维他的街拍照片，引发网友们的热烈讨论与持续关注，不少网友直夸21金维他的购物袋"实在是太好看了"，如图3-17所示。

照片中的模特手提印着21金维他购物袋改造的包包，自然、时尚、青春之感满满。红、黄、蓝、绿、紫五色手提包，搭配不同风格与样式的衣服，瞬间提亮夏季街头，给酷热的暑期带来一抹亮色。

图3-17 21金维他购物袋

这是21金维他今年第N次搞事情了。除去本次的社会化营销，之前在热播大剧《知否知否应是绿肥红瘦》《带着爸爸去留学》中的"惊艳"亮相，都在宣告着，这个品牌坚定的年轻化决心。

1. IP 合作是推进年轻化的重点

选择大众喜闻乐见的大剧 IP，使用较为创新的广告形式"创可贴"，通过剧情触发广告，文案时而活泼生动，时而温暖走心。

在当前热播的留学题材电视剧《带着爸爸去留学》中，"我妈还让你多吃 21 金维他""维生素也要适合中国人体质""美好，不过刚刚好"，等等，巧妙结合剧情打出文案，获得观众的好评如潮。21 金维他电视广告文案如图 3-18、图 3-19 所示。

图 3-18 21 金维他电视广告文案（1）

《带着爸爸去留学》并不是 21 金维他第一次合作的热播大剧。此前，在年初，现象级的大剧《知否知否应是绿肥红瘦》中，就出现过 21 金维他的身影。

图 3-19 21 金维他电视广告文案（2）

这样"多、亲、易"的传播模式，摒弃了传统广告说教式的特点，更自然地抓住了观众的心，使得观众对 21 金维他的品牌记忆度大幅提升。

2. 多形式、多内容、多渠道触达目标人群

随着互联网的飞速发展，大众的触媒越来越复杂，指望用单一形式、单一内容、单一渠道去影响目标人群越来越难。因此，只有筛选更多适合品牌传播的形式、内容、渠道，拓宽品牌传播之路，才能在纷繁复杂的品牌竞争中脱颖而出。21 金维他打通各方渠道（如图 3-20、图 3-21、图 3-22、图 3-23、图 3-24 所示），采用不同形式，使得品牌的广告近乎"无孔不入"。

图 3-20　21 金维他广告传播渠道（1）

渠道 1：客厅情景。据有关资料显示，近年来 OTT 端的开机率日益增长。21 金维他注意到这点，通过客厅这个易被忽略的场景，唤起 30 多岁有家庭的用户。

渠道 2：移动娱乐情景。移动端媒体形式多样，用户注意力也更为碎片、分散，如何合理选择、组合也是一大挑战。21 金维他在移动端选择了更为聚焦的渠道，更具创意的内容实现突围。

图 3-21　21 金维他广告传播渠道（2）

渠道3：出行情景。线上全方位覆盖的21金维他，当然也不会放过线下这一渠道。和深耕线上的互联网品牌比，老品牌对线下传播显然更得心应手。

早上出门上班的时候，你会发现电梯里有21金维他的广告。

图3-22　21金维他广告传播渠道（3）

如果你乘坐公共交通出行，在等公交车时，会发现21金维他在你身边陪你。幸运的话还能坐上健康"专列"。

图3-23　21金维他广告传播渠道（4）

要是你乘地铁上班，会看到更具视觉表现力和冲击力的21金维他系列海报。

21金维他在内容选择和传播过程中，放低了传统药品企业的高姿态，以倾听者、倾诉者的姿态走进消费者，传播更具亲近感，避免自说自话、高高在上的传播模式。真诚而有趣地走进大众的娱乐和生活，打造出一个亲和力极强的品牌形象，而行业及用户的反馈，也从侧面印证了策略的正确。图3-25为21金维他海报。

3. 年轻化创新，不断引发关注

身处竞争愈发激烈的市场中，一次出圈容易被遗忘，只有持续的创造高质量的内容，才能被关注。而21金维他就有这样不断输出的创新力，并且引起了一些业内探讨。图3-26为21金维他地铁广告传播效果。

图 3-24　21 金维他广告传播渠道（5）

图 3-25　21 金维他海报

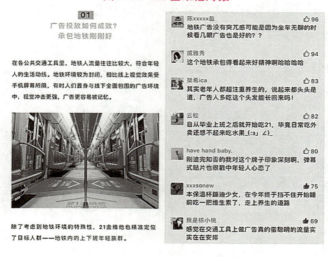

图 3-26　21 金维他地铁广告传播效果

  品牌年轻化不是一句口号而已，真正的年轻化需要极强的现实认知和执行力，确保落实到每一个细节之处。相信日后的 21 金维他，能够像其品牌 slogan 一样，将品牌传播，做到刚刚好。

（根据"公关界的 007"公众号资料整理）

知识链接

一、线上线下整合推广

随着互联网的飞速发展，指望用单一形式、单一内容、单一渠道去影响目标人群越来越难以实现。只有筛选更多适合品牌传播的形式、内容、渠道，拓宽品牌传播之路，才能在纷繁复杂的品牌竞争中脱颖而出。因此，线上线下整合推广成为企业的生存之道，可以从两个角度来分析线上线下整合推广的必要性。

（一）技术的角度

语音图像识别、LBS、人工智能等技术的日趋成熟，为零售业提供了一种更加新奇高效的购物体验，技术的更新必然导致商业行为的更新。虽然网上购物盛行，但网购再方便，仍无法具备象实体店那样亲眼看到、亲手触摸的直观感受，而产品及服务的具象感知亦是最终促成决策的关键。近年来，诸如快闪店（图3-27）、无人超市（图3-28）等新业态实体店不断出现，颠覆了传统商业模式，通过优质的商品品质、舒适的购物环境和快捷的支付体验，激发了消费者的购买欲望，让很多顾客重新回归实体商业。据统计，实体店仍然占据中国社会消费品零售总额的70%以上。当然，未来的实体商业将不再是简单的售货点，而是顾客的社交中心和体验中心。通过结合互联网运营模式，实现线上推广和获客、下单，消费者到店体验或接受服务的优化流程。这种线上线下结合模式是即时性消费场景的发展趋势。

(上海来福士广场钟薛高"生如夏花"快闪店，图片来源:官方公众号)

图3-27　快闪店

图3-28　无人超市

（二）商业成本的角度

从商业成本的角度来看，中国电商的人口、流量红利期已过，线上获客成本激增，据《中国零售服务业白皮书》，零售业平均线上获客成本已突破200元，已经超过线下获客成本。而线上运营维护的成本仍处于较低的水平，因此通过较低的线下获客成本结合较高的线上运营效率，企业才能获取较好的盈利。

总之，策划人员在策划方案时，需同时做好线上线下的"组合出拳"，以进一步提升营销效率。

二、KOL 营销概述

KOL：（Key Opinion Leader），又称关键（大众）意见领袖，是指拥有更多、更准确的产品信息，且为相关群体所接受或信任，并对该群体的购买行为有较大影响力的人。

KOL 营销

KOL 一般具备三个特征。

1. 持久介入特征

KOL 对某类产品较之群体中的其他人有着更为长期和深入的介入，因此对产品更了解，有更广的信息来源、更多的知识和更丰富的经验，容易得到粉丝认可。

2. 人际沟通特征

KOL 较常人更合群和健谈，他们具有极强的社交能力和人际沟通技巧，且积极参加各类活动，善于交朋结友，喜欢高谈阔论，是群体的舆论中心和信息发布中心，对他人有强大的感染力，利于将影响力扩散到粉丝的消费决策上。

3. 性格特征

KOL 观念开放，接受新事物快，关心时尚、流行趋势的变化，愿意优先使用新产品，是营销学上新产品的早期使用者。

据统计，当下中国成年人平均每天有超过 6 小时 23 分钟消耗于各类媒体，其中 55.5%的时间花费在数字媒体，因此 KOL 对于影响中国消费者的消费习惯至关重要。小红书达人（种草，女性受众 90%）、B 站知名 UP 主、电商直播一哥一姐等不断涌现的 KOL 在网络上拥有大量的粉丝和极强的话语权。KOL 的出现，打破了传统的传播链条，今天品牌若是想要做线上营销推广，KOL 投放已经成为一个必选项。

案例点击

珀莱雅黑海盐泡泡面膜+抖音 KOL 营销

2019 年 7 月，珀莱雅推出的"黑海盐泡泡面膜"在抖音平台获得广泛"种草"，百万粉丝疯狂刷屏追捧，迅速飙升为"抖音美容护肤榜"第 1 名。

从整个抖音合作达人来看，主要是种草类达人、美妆类达人和纯带货达人，多为女性达人。带货达人中有柚子 cici 酱、乃提 Guli、化妆师繁子等星图价在 10 万左右的头部达人，还有一些 GGG、大头等星图价在 3 万~5 万的腰部达人，所有合作的抖音达人数量达 99 个。图 3-29 为珀莱雅抖音 KOL 营销部分数据。

从达人粉丝数上可以看到，一般大粉达人只发布一条相关视频，而一些低粉达人则会发布多条相关的带货视频。当观看抖音的用户刷到越来越多的相关商品，不管是高粉

图 3-29　珀莱雅抖音 KOL 营销数据

达人还是一般的低粉达人都在带这款商品的时候，很容易进行冲动消费的。

总结两点，第一，品牌方在考虑抖音宣传前，一定要制订好宣传计划，尤其是头部达人+腰部达人+底部达人同时带货的比例，一般建议为：2∶4∶4。第二，抖音用户属于冲动型消费，只有达到一定的量化才能产生质变。

（根据简书资料整理，作者：99 抖商）

三、KOL 营销的基本步骤

作为新时代的运营人，玩转 KOL 营销可以说是一个必备的技能。KOL 营销的基本步骤如下。

1. 收集用户信息

要想做好 KOL 营销，放在首位的工作就是收集用户信息。只有做好了用户信息的收集，才会获得较好的带货效果。可从各大销售渠道积淀的用户数据、竞品使用人群等多方面收集用户信息，描绘目标人群画像。

2. 找准合适渠道

简而言之，流量在哪里，就去哪里带货。目前 KOL 带货流量主要分布在以下两个区域。

（1）私域流量，指企业拥有完全支配权的账号所沉淀的粉丝、客户、流量，不用付费，可以在任意时间、任意频次，直接触达到用户的渠道。如官方微博、微信朋友圈、QQ 群、小红书、抖音、直播等，这些属于品牌流量池，也是品牌用户聚集地，对这些渠道的用户进行营销带货最为精准有效。

（2）公域流量，一般指商家通过入驻平台采取付费渠道购买的流量，比如大家熟悉的百度竞价、淘宝直通车、今日头条推送等。它们共同的特性是：平台自带流量，虽然不用担心流量问题，但是大部分用户是冲着平台而去的，对产品忠诚度不高，而且随时会转向平台同类型竞品，难以沉淀忠实用户。商家只能通过搜索优化、参加活动、花费推广费以及使用促销活动等方式来获得更多曝光量，提升客户数和成交率，时间久了，耗费的成本越来越昂贵。

像薇娅、李佳琦、罗永浩等这些头部主播们，都是私域流量运营的高手。当然，几乎所有的私域流量最初都来源于公域流量，通过优秀的内容从公域流量中吸引用户，让真正感兴趣的用户成为粉丝，形成企业自己的私域流量是值得长期做的事。

3. 寻找合适的 KOL

看准了用户所在的渠道后，第三步则是在各个渠道寻找契合的 KOL。以微博平台为例，寻找契合的 KOL 的方法有很多，比如锁定类别，即根据人群画像数据，关注用户喜欢的内容，关注类型的 KOL，可以按图索骥。然后是扩展选择，从榜单寻找，还有利用调研用户等方法找寻合适的 KOL。至少准备好适合 KOL 数量五倍的名单。最后，审核这些 KOL 的带货效果确定入选名单后与 KOL 洽谈合作意向。

4. 确定内容方向

确认合作后，则是产品体验及酝酿内容阶段。创作的方向也有很多，比如故事型，KOL 讲述与品类、品牌、产品相关的渊源、故事从而引出产品点；对比型，与同类型产品相比，各自的特色；体验型，从 KOL 使用产品感受出发，来宣传产品利益点；攻略型，通过功能解锁充分挖掘产品使用价值。

5. 发布内容及调整

最后一步则是发布内容以及效果监测。需要注意以下几点：一是多平台分发。一般 KOL 都会在多个平台运营账号，因此可以和 KOL 沟通，如微博、微信、B 站、知乎、抖音、小红书等多平台分发，扩大覆盖面；二是及时回复用户疑问。发布后则可能有粉丝评论、提问，需提醒 KOL 及时回复产品相关的疑问，或者也可以用官方账号回复；三是监测效果及调整。如监测到领券、下单实时效果不佳时，分析问题，及时调整内容。比如优惠福利不够明显，则再提供优惠信息重新转发，增强优惠截止时间的紧促感等。比如针对粉丝关心的问题，再追加一条补充内容；四是二次运用内容素材。KOL 生产的优质内容素材，在征得 KOL 授权后，可二次扩散用在官方微信、微博及店铺等品牌自有渠道。

学习资源

MCN 简述

MCN 的全称是 Multi-Channel Network，即多频道网络。MCN 模式可以简单理解为，通过签约的形式将多个网红资源集中，从而系统地进行运营推广和商业变现。

《2019 中国 MCN 行业研究发展白皮书》显示，截至 2018 年 12 月底，国内 MCN 机构已超过 5 000 家，90% 以上的头部达人均已签约 MCN 公司，或成立了自己的 MCN。现将国内比较知名的 MCN 机构介绍如下。

1. 大禹网络——泛娱乐内容生产商，优质网生 IP 孵化平台

苏州大禹网络科技有限公司成立于 2012 年，由北大研究生校友创立于北京，定位在社交互联网领域的三大相关事业群：新媒体运营、手机游戏、动漫影视。2013 年，公司迁至苏州。

截至目前，大禹网络成功打造出包括一禅小和尚、野食小哥、拜托啦学妹、奔波儿

灞与灞波儿奔、爱做饭的芋头、认真少女_颜九等在内的近200个红人IP,图文类账号体系约有1 000个,并依托微博、微信、抖音、快手、B站、小红书等互联网社交平台,全面构建IP矩阵,全网粉丝近8亿。

如今,大禹网络不仅是国内最大的MCN机构之一,还是腾讯认证的第三方开发商,微博四大视频战略合作伙伴之一。

(1) 一禅小和尚。这是由苏州大禹网络科技有限公司原创的3D动画,主人公一禅是一个6岁的小男孩儿,聪明可爱、调皮机灵,和师父阿斗老和尚上演着有趣温情的故事。一禅因为被阿斗老和尚收养,因此自小在庙里当小和尚。一禅喜欢问师父问题,每次师父都会讲出一些道理,帮助一禅成长。

自2016年运营以来,一禅小和尚在全网累积超过9 000万的粉丝,全网播放量超过几百亿,每一个短视频几乎都能获得几十万的点赞。图3-30为一禅小和尚和师父阿斗老和尚。

图3-30 一禅小和尚

(2) 拜托啦学妹。这是一档专属于大学生的视频节目,其精准定位于大学生群体的街访,如图3-31所示。从2016年发展到现在,全网粉丝量已达2 500万,和华为、天猫、京东等品牌都有深入合作,目前在国内外400多个高校建立了拥有2 000多名学生的校园大使团队,为正能量发声,引导大学生树立积极乐观奋发向上的生活态度,成为全国最具影响力的高校原创搞笑视频节目。

(3) 野食小哥。如图3-32所示,一个一本正经做美食的博主。视频里的他,上树捉知了做西餐,进山徒手抓鸡野炊,出海捕鱼烧粥,进山泉水泡面,亲力亲为,做给你看。野食小哥在微博发布的单条视频点击量基本在200~500万次。

2. Papitube——papi酱带领的MCN机构

Papitube是由Papi酱团队于2016年4月成立的短视频MCN机构,如图3-33所示主要业务为短视频创作和自媒体服务,签约作者涵盖搞笑、萌宠、美妆、旅行、生活方式等各大垂直领域。Papitube通过内容创作方法以及巨大的流量入口,帮助签约作者系统地进行有效推广、垂直化运营以及商业变现。

图 3-31 拜托啦学妹街访

图 3-32 野食小歌

图 3-33 Papitube

3. 微念科技——专注直播、短视频网红品牌孵化

杭州微念科技有限公司成立于 2013 年 2 月 28 日，是一家通过孵化与深度整合 KOL 网络，跨界新消费品牌的公司。公司旨在通过赋能 KOL（意见领袖）和消费品牌的方式，让用户感受美好的生活方式。

当前，微念拥有数十位头部 KOL 和多个新消费品牌，深度合作了不同平台的数百位 KOL。公司旗下不仅有定位东方美食生活家的"李子柒"（如图 3-34 所示），还有美食方向的艺人"香喷喷的小烤鸡""夏一味"，以及定位时尚美妆方向的"叶醒醒""林小宅""卧蚕阿姨"等。

"李子柒"为公司旗下最知名品牌，网络红人李子柒凭借视频里不染凡尘的惬意生活吸引了大批粉丝,人气丝毫不输明星。李子柒的电商店铺(如图 3-35 所示)开业仅 6 天,销售额破千万,变现能力惊人。

图 3-34　李子柒品牌

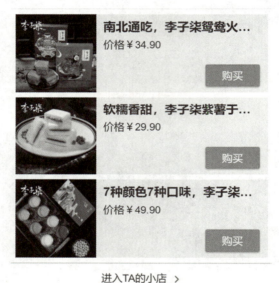

图 3-35　李子柒的网店

第二部分 任务训练

活动推广如表3-4所示。

表3-4 活动推广

任务编号：NMPT-3-10	学时：4学时
实训地点：校内专业实训室	小组成员姓名：

一、任务描述

1. 演练任务：活动推广；
2. 演练目的：学会一系列线下推广海报策划；掌握KOL营销技巧；
3. 演练内容：选择一个营销主体，策划设计活动推广海报并完成KOL营销策划

二、相关资源

1. 在中国，为什么说线上线下联动整合营销是大势所趋 https：//baijiahao.baidu.com/s？id=1640383812103775868&wfr=spider&for=pc
2. KOL营销在品牌运营推广中的作用 http：//www.opp2.com/138766.html
3. 解读KOL营销策略 https：//www.jianshu.com/p/9831b3868a26

三、任务实施

1. 每小组选择一个营销主体，注意与上次任务的营销主体保持一致；
   （七选一：安吉白茶、百雀羚、盼盼食品、海洋公园、抗感冒药、面膜、薯片）
2. 小组分工完成系列线下推广海报设计；
3. 小组讨论完成KOL营销策划

四、任务成果

1. 本组选择的营销主体是_____，上次任务单策划的创意活动主题是_____；
2. 活动推广海报（结合创意活动给出推广海报效果图，海报能清楚地展示产品或活动（时间、地点等）；排版整洁，冲击力强，一目了然，印象深刻；受众能方便地参与和关注（二维码等））
   (1) 公交车站活动推广海报效果图（必选，要求单张设计，重点针对活动设计）

   活动推广海报设计图　　　　公交车站效果图

   (2) 地铁推广产品海报效果图（必选，要求三连张设计，注重整体效果，重点针对产品设计，给出创意说明）

   海报一　　　　　　海报二　　　　　　海报三
   创意说明：

续表

（3）公交车身推广海报效果图（学有余力的同学可选，要求单张设计，可针对活动或产品进行设计）

示例：

（1）公交车站活动推广海报效果图

活动推广海报设计图

公交车站效果图

（2）地铁推广产品海报效果图

海报一　　　　　　　　　海报二　　　　　　　　　海报三

创意说明：早中晚三个时间段既是一天，也是一生，表示百雀羚有适合每个年龄段的产品，也表示生活中的小确幸常伴左右。

续表

地铁三连张海报效果图如下：

（3）公交车身推广海报效果图

3. 请围绕以下 3 种平台进行 KOL 营销，完成相应任务。
（1）平台一：微博。计划选择与之合作的 KOL 是_____，此 KOL 目前的粉丝数是：_____，选择此 KOL 的理由是：_____
_____（可从产品属性、用户群体属性、与 KOL 气质风格的吻合度等方面进行分析，并简单说明如何合作）

续表

* *

示例：平台一：微博。计划选择与之合作的 KOL 是 ＿＿@认真少女颜九＿＿，此 KOL 目前的粉丝数是：529万，选择此 KOL 的理由是：认真少女颜九作为美妆领域头部 KOL，拥有大量忠粉，她的主打是口红系列产品，她的视频语速快，条理清晰，内容简单明了，让人容易理解接受，特别受年轻人欢迎。从视频中看得出认真少女颜九对美妆见解独到，介绍的产品也都是物美价廉的产品，而且其皮肤特别光滑红润。我选择的膜法世家面膜是一款特别适合年轻女性使用的物美价廉的产品，与认真少女颜九合作能充分利用其在美妆领域的影响力，计划让她在视频中试用膜法世家面膜，展示其保湿、快速焕发肌肤活力的效果。

* *

（2）平台二：抖音。计划选择与之合作的 KOL 是＿＿＿＿＿＿＿＿＿（可选多个 KOL，包括头部、腰部、尾部 KOL），此 KOL 目前的粉丝数是：＿＿＿＿＿＿＿＿＿＿＿＿，选择此 KOL 的理由是：＿＿＿＿＿＿＿＿＿＿＿＿＿＿＿＿＿＿＿＿（可从产品属性、用户群体属性、与 KOL 气质风格的吻合度等方面进行分析，并简单说明抖音短视频的创意点）

（3）平台三：小红书。假如你在小红书已拥有1万粉丝，请围绕选择的营销主体撰写一篇"种草笔记"（300~500字，请先熟悉下小红书的写作风格，要求图文并茂）。

笔记如下：

五、任务执行评价

任务评分标准

序号	考核指标	所占分值	备注	得分
1	上交情况	10	是否在规定时间内完成并按时上交	
2	完整度	10	按框架完成，少一部分扣5分	
3	活动推广海报	40	结合创意活动给出推广海报效果图，海报能清楚地展示产品或活动（时间、地点等）；排版整洁，冲击力强，一目了然，印象深刻；受众能方便地参与和关注（二维码等）	
4	微博	10	能根据产品属性、用户群体属性、与 KOL 气质风格的吻合度等方面进行分析，理由充分合理	
5	抖音	10	从产品属性、用户群体属性、与 KOL 气质风格的吻合度等方面进行分析，抖音短视频有一定创意	
6	小红书	20	文字代入感强、图文并茂、有吸引力	
		总分		

指导教师：

日期： 年 月 日

扫码下载任务单

第三部分　活页笔记

学习过程：

重难点记录：

学习体会及收获：

资料补充：

《网络营销策划》活页笔记

任务十一　周边产品与卡通代言形象设计

> **励志微语：**
> 　　工者谓之精，千雕万琢，心承之而不折；匠其运乎神，一创一造，思新之如春江。

第一部分　知识学习

 **案例引入**

数字营销时代，品牌周边怎么做？

　　近年来，肯德基进军美妆界推出炸鸡味防晒霜，大白兔联手美加净推出润唇膏，周黑鸭推出口红，泸州老窖推出香水，雅诗兰黛卖起奶茶，可口可乐进军彩妆，老干妈卫衣荣登纽约时装周，喜茶更是做起了"杂货铺"，推出周边产品，似乎已经成为各品牌主和各行业的共识。

　　越来越多的品牌主推出周边产品的现象并非偶然，好的周边产品会为品牌形象加分，为品牌主带来一定的收益。一方面，品牌主可以利用已经拥有的品牌价值和影响力，通过品牌延伸来增加产品类别，通过销售周边产品直接获得利润；另一方面，品牌通过推出独具创意的周边产品，可以吸引广大受众的注意力，在体现品牌个性的同时又能增加品牌识别度。在数字营销时代，品牌周边有了新的发展，各品牌主如此热衷于推出周边产品源于其更深层的品牌建设需要。

　　一是增强产品创新力，促使品牌年轻化。 在数字营销时代，年轻群体成为消费主力，品牌个性化、年轻化已然成为新的发展趋势，而推出品牌周边正是增强产品创新力，促使品牌年轻化的有效途径。作为一种特殊的品牌延伸形式，周边产品能够让不同的元素相互融合、相互渗透，赋予品牌立体感和层次感。周边产品中新鲜元素的加入能够为品牌注入新意和活力，从而帮助其拉近与年轻一代消费者之间的距离。从泸州老窖牌香水、六神牌鸡尾酒、大白兔牌润唇膏，到老干妈牌卫衣、旺旺牌雪饼气垫，近年来越来越多的老品牌或独创或跨界，都在致力于打造属于自己的爆款周边，在增强产品创新力的同时，向年轻化、个性化方向发力，以适应消费者的需求，获得新的利润增长空间。

　　二是用产品承载情怀，引发情感共鸣。 无论是星巴克的猫爪杯还是大白兔的润唇膏，这些品牌周边看似销售的是产品，其实背后真正追求的是消费者的精神共鸣和价值认同。品牌主推出周边产品，并不单纯是为了提升销量、直接获利，更重要的是品牌文化的输出与价值观的建立，品牌主期望通过将周边产品植入消费者的日常生活，用产承载情怀，以寻求与消费者更密切的结合，增强消费者的黏性。

数字营销时代爆款周边的成功并非偶然，而是有着其内在的营销逻辑。对近年来爆款周边案例的梳理不难发现，成功推出周边的品牌主背后采用了相似的"套路"：

三是限时限量，适度饥饿营销。在消费升级的今天，面对令人满意、讨人喜爱的商品，年轻消费者往往怕买不到，因此"限量"生产发售的周边产品往往能够最大限度地刺激消费。对于品牌主而言，周边产品限时限量推出，进行适度的饥饿营销，能够戳中消费痛点，获得意想不到的效果。

喜茶在中国香港新店开业时推出港风周边，上架了2 000个手机壳和编织袋，在微信公众号推出后，仅5分钟便售罄；王者荣耀联名Mac推出限量款口红，产品一经上线便快速售罄，几款色号在补货之后又迅速售空，粉丝跺脚直呼想要却抢不到；杜蕾斯联合马蜂窝推出限量20 000份的旅行套装"小黄盒"，短时间内销售一空，杜蕾斯紧急找电商加仓3 800份，半天不到便卖光。值得注意的是，限时限量不仅存在于直接售卖的品牌周边产品中，有时也会以赠品的形式出现。娃哈哈推出5 000份限量款眼影盘，用户在其微信公众商城花98元购买一箱限量版营养快线后才能获得这一赠品，变相促进主打产品营养快线的销量。数字营销时代，限时限量推出品牌周边屡试不爽，只要能够打动消费者，辅以适度的饥饿营销，消费者总是会买账的。

四是合理制造反差，巧妙吸引消费者的注意力。对于大部分品牌而言，推出周边产品获得销售利润往往只是一个附加目的，更重要的是为了品牌的长远发展考虑：获取消费者的注意力，并对其产生潜移默化的影响，将品牌调性植入目标人群的生活场景中，使之对其品牌文化拥有更立体、更全面的认识。正如凯文·凯勒在基于顾客的品牌资产模型中所说的，一个品牌的强势程度，取决于顾客在长期经历中对该品牌的所见所闻和所知所感，即品牌存在于顾客的心智中。

然而在产品门类极其丰富且同质化严重的今天，品牌主若想推出吸引眼球的周边产品，一个重要的策略就是制造反差感，让人有大跌眼镜的感觉。但这种反差也需要把握一定的尺度，在给人惊讶之余也要让人觉得合理，否则就会过犹不及。

作为品牌主玩周边的常见"套路"，推出和品牌调性具有强烈反差感的周边产品，能够调动并刺激用户的感官，抓住其猎奇心理，通过趣味性来迎合年轻一代消费者的消费期待。

五是跨界推周边，1+1>2。近年来，跨界推出周边产品似乎已经成为品牌周边的共同特征：2018年，美加净将分时分场景护理的概念延伸到护手霜和润唇膏上，联合大白兔推出"分时护唇"系列特别纪念款，即一款奶糖味润唇膏，推出后立即点燃了全网的购买热情；周黑鸭和御泥坊围绕"跨界彩妆、辣么出色"的主题推出了一款"小辣吻咬唇膏"，以购买周黑鸭产品获赠口红的形式在天猫上发售，使这两个品牌在天猫的"国潮行动"中脱颖而出；锐澳和六神团队经过3个月的配方研究和测试，联合推出了花露水味的鸡尾酒，产品预热期就已经吸引了近万名消费者将其收藏或直接加入购物车。那么作为品牌周边常见的套路之一，跨界推周边，是如何产生1+1>2的化学反应的？

首先，跨界合作的品牌通常是比较成熟的知名品牌，可以用较低的成本获得较高的流量，其可行性和性价比都是很高的。在双方的品牌资源加持下，联合推出的周边产品往往比单枪匹马推出的周边产品取得的效果更好，能够实现1+1>2的双赢局面。

其次，进行跨界合作的双方品牌一般为互补性而非竞争性品牌，这里所说的互补，并不局限于功能上的互补，也包括用户体验上的互补。双方品牌虽然在产品和使用体验上可以有巨大差异，但是联合推出的周边产品会与双方品牌的精神气质契合且相通，因此可以充分调动起用户对该产品和品牌的兴趣和积极性，从而有效实现品牌传播和销售转化。

最后，跨界合作的品牌通常会突破人们的常规思维，给人出其不意的感觉。上述的美加净和大白兔、御泥坊和周黑鸭、锐澳和六神，无不显现着强烈的反差感，在给人惊喜的同时又让人觉得可爱。在当下日趋年轻化的消费市场中，品牌的年轻化也日渐成为品牌转型的一个重要趋势，跨界合作推出周边产品是践行品牌年轻化的一种可行之策。

（根据"国际品牌观察"公众号资料整理，作者：王雪晴，李彦辰）

知识链接

一、周边产品设计

周边产品一词,最初指动漫的衍生品,如动漫人物的模型、手办等。随后,周边产品的概念不断渗透到其他领域。目前,在某一领域中带有独特文化和品牌色彩的非核心产品,都可称为周边产品。

在互联网时代,品牌的魅力已经不仅仅通过产品本身来传递。周边,作为一种品牌衍生的副产品,往往承载着品牌的创新精神和实用能力,还有丰富的趣味性。当产品本身越来越趋同,周边产品就成了一种提升品牌附加值、彰显品牌区隔性的重要方式。很多消费者甚至因为周边产品才对品牌产生好感,所以诸多品牌都对周边产品极为重视。

品牌周边大致分成两类:一种是纯观赏式,譬如手办、摆件。一种是实用类,比如服饰、箱包、饰品、家居等。大多品牌以开发实用类周边为主。

如麦当劳开发了一系列周边产品,有手提袋、雨伞、卫衣等,如图 3-36 所示。

图 3-36 麦当劳周边产品

图 3-37 为星巴克推出的周边产品——猫爪杯。

图 3-37 星巴克猫爪杯

案例点击

网易《一梦江湖》游戏两周年庆周边礼盒设计

两周年庆周边礼盒项目是网易出品的《一梦江湖》游戏在 2019 年度最为重要的一个周边产品，虽然体量不大，但重要程度极高。项目组梳理需求后认为，在周年庆这样的时间节点下推出周边礼盒，需要集回馈玩家（性价比高，超值）、体现创意（好玩有趣）、好看美观等特点为一体（如图 3-38 所示）。

图 3-38　网易《一梦江湖》游戏两周年庆周边礼盒设计需求

项目组经过反复讨论，最终确定了"花林似霰"方案，即以云追月吊坠为主体、立体风车包装为礼盒亮点、全手绘创意红包、贴纸胶带以及笔记本为点缀的礼盒方案，如图 3-39、图 3-40、图 3-41、图 3-42 所示。

图 3-39　"花林似霰"方案

图 3-40　"花林似霰"包装盒

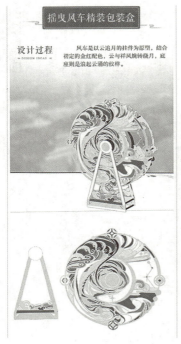
图3-41 "花林似霰"包装盒设计过程

图3-42 "花林似霰"红包

产品一共生产了 1 000 套，单个售价 129 元，商城上架后在一周内全部售罄，微博评论以及商城买家反馈极好，达到了预期效果。

（根据优设网站资料整理，作者：网易游戏 阿德）

二、卡通代言形象设计

菲利普·科特勒说过一句话：如果你的企业没有非常强有力的创新，可以找一个代言人。品牌形象代言人的应用可以加强品牌与消费者之间的沟通，扩大品牌知名度、提高品牌影响力、强化品牌联想、提升品牌价值，是企业传播品牌的有力工具。

1. 形象代言人的选择

品牌形象代言分为虚拟形象代言与真实人物代言两种类型，企业和品牌在考虑形象代言人时面临两种选择。

（1）是选择真人代言，很多企业和品牌会选择知名艺人、知名运动员、知名企业家或专家进行代言，这些明星、名人自带话题和流量，能很好地吸引受众特别是粉丝的关注，带来较好的营销效果。如可口可乐选择当红明星朱一龙代言，如图3-43所示。

明星、名人代言的优势不言而喻，但也有三个缺点。

第一，费用高。明星、名人代言费通常会占到国内企业广告支出的一半以上，企业负担沉重。

第二，不专一。明星、名人可能同时代言好几个品牌，一线明星更是受到众多企业的追捧，没有专属性。明星代言品牌过多，不仅会产生"稀释效应"，而且大量品牌信

图 3-43　可口可乐明星代言

息的交汇也会对各自建立的品牌联想产生干扰。如果代言期结束后明星又与同类型品牌合作，那么在消费者心中建立的品牌联想则更容易被混淆和转移。

第三，风险大。存在不可控的风险，如明星被爆违法行为或负面新闻，对代言的品牌、企业形象会带来始料不及的极大损害。如果更换代言人，那么之前的工作将付之东流，不仅要更换广告、包装，处理现有库存，还要额外花费人力、物力平息社会舆论等，所造成的损失不可估量，而这些可能存在的风险不是企业能够有效控制的。

（2）是选择虚拟形象代言，卡通化是其呈现的造型风格，虽然虚拟形象的造型并不仅仅局限于卡通风格，但目前虚拟形象代言人多是以卡通风格的形象示人。图 3-44、图 3-45、图 3-46、图 3-47、图 3-48 为不同领域的卡通形象代言人，广为人知。

图 3-44　知名品牌的卡通形象代言人

图 3-45　电商领域著名卡通形象代言人

图 3-46　餐饮行业卡通形象代言人

图 3-47　奥运会卡通形象代言人

图 3-48　杭州亚运会卡通形象代言人

2. 卡通形象代言人的优势

所谓卡通形象代言人，就是指企业或品牌根据自身的定位与特点，特意设计的符合品牌理念精髓、文化内涵的，并作为形象代言人应用于品牌推广活动的卡通形象。在现代社会中，通过卡通形象代言人来提升品牌价值，进行商业推广已经成为常见的形式。与真人代言相比，卡通形象代言人具备三大优势。

第一，更省钱。卡通形象代言人所需的花费只有设计、推广费用，相对于明星高昂的代言费用，要低得多。此外，如果卡通形象代言获得成功，那么卡通形象本身的价值也会提升，换言之，卡通形象也有成为"明星"的可能，而其成为"明星"后所产生的一切价值都归企业所有。

第二，更专属。企业可以根据品牌定位和个性定向设计，融合美感和特殊的品牌寓意，塑造卡通形象独特的个性、鲜明的外形，品牌识别性高。卡通的夸张、变形、恣意妄为正是使人们重新找回个性的表达式，生动的形象更具有情绪感染力。如可乐公司为1997年推出的一款饮料品牌酷儿设计了一个卡通形象代言人——酷儿，如图 3-49 所示,这是一个活泼可爱,有时又会犯点小错,喝了果汁饮料会发出"酷儿"的声音,生动形象地表达出饮用者的体验状态,这种针对消费者的精神体验,获得了消费者的认同并取得了成功。

第三,更长久——明星代言三两年,卡通形象代言一辈子。比如海尔的海尔兄弟,如图3-50所示,三十多年了,依然在忠诚地为海尔代言。

图3-49　可乐公司酷儿

图3-50　海尔兄弟

3. 卡通形象代言人的常见分类

常见的卡通形象代言人可分为四种类型:动物或拟人化的动物、人、非人或者类人体、符号化的卡通。

动物或拟人化的动物(如图3-51所示)是形象代言最初的源头。这主要是由于动物在器官功能和身体结构上有很多特点可以进行充分的夸张利用,从而使得造型可以很轻易地变得更加醒目和突出。比如米老鼠的大圆耳朵就是很好的一个例子。使用动物或者拟人化的动物形象作为产品代言形象或者品牌形象曾经是最为流行的趋势,其优点是效果明显,简单直接。

图3-51　动物或拟人化的动物卡通形象

以人作为企业卡通形象的企业大多生产面向青少年的产品,如百事可乐公司的七喜小子,麦当劳集团的麦当劳叔叔等(如图3-52所示)。人与动物形象相比,优势在于人更贴近我们的生活,也因此可以有更强的代入感。但是一个卡通形象设计要想成功,很重要的一点在于造型的简单化,越简单,就越容易复制和传播,其延展性和开发性也就越高,附加值相对就越大。但人比起动物来,明显属于较为复杂的一个造型,且不容易突出某些器官做夸张变形，缺点是显而易见的。

图 3-52　以人作为企业卡通形象

以非人或者类人体为基础进行创意可以说是时下最流行的设计趋势之一，非人卡通形象的优点在于既有一些诸如手、脚、眼睛的人类特征，而同时又具有自己的夸张特点，并且由于不借鉴具体事物，所以在特征设计上可以比动物形象更加大胆自由。可以说是集合了前面两类的优点，同时又摒弃了二者的缺点。如米其林公司的轮胎人、微软WINDOS 操作系统中的"曲别针"、劲量电池的"劲量小子"形象（如图 3-53 所示）都属于这一范畴。使用"非人"或者"类人体"最大的忌讳在于特征不够突出，以及形象不够简单。

图 3-53　非人或者类人体卡通形象

学习资源

符号化的卡通形象是最新的，也是未来的发展趋势。通过运用一些简洁的造型元素，形成特征符号。其最大的特点就是空前的简单易读，特征鲜明突出，并且非常易于复制和传播，但其设计难度较大。图 3-54 前两个形象为兔斯基（tuzki）卡通形象。

4. 卡通形象代言设计的方法

（1）简化。以自然形态为原型，对其进行概括、提炼、取舍、变化，进行高度艺术化，形成具有象征性的形象，如图 3-55 所示。简化的标准是能够让孩子很容易画出来。

（2）夸张。夸张是卡通艺术的灵魂。借鉴生活中客观事物的原型，借助丰富的想象力，运用扩张、压缩或省略的手法进行一定程度的处理，夸大某一特征或表情，加强视觉冲击力，如图 3-56 所示。

图 3-54　符号化的卡通形象

图 3-55　卡通形象设计方法之简化

图 3-56　卡通形象设计方法之夸张

（3）独特。与众不同，要有区别性，一眼就可以认出来。注意和企业精神联系起来，紧紧地联系企业，如图 3-57 所示。

图 3-57　卡通形象设计方法之独特

（4）亲和。令人感到亲切可爱，个性鲜明，从而深化受众对卡通的印象，如图 3-58 所示。

图 3-58　卡通形象设计方法之亲和

（5）时尚。应不断地走在时代的前沿，与最新的科技、最时尚的元素搭配在一起，体现出时尚、青春、活泼等特点，如图 3-59 所示。

图 3-59　卡通形象设计方法之时尚

第二部分　任务训练

周边产品与卡通代言形象设计如表3-5所示。

表3-5　周边产品与卡通代言形象设计

任务编号：NMPT-3-11	学时：4学时
实训地点：校内专业实训室	小组成员姓名：

一、任务描述

1. 演练任务：周边产品与卡通代言形象设计；
2. 演练目的：掌握周边产品设计的技巧，学会卡通代言形象的设计；
3. 演练内容：根据选定的营销主体，结合品牌调性设计有创意、有特色且实用的周边产品，并为企业和品牌设计一个卡通代言形象

二、相关资源

1. 用卡通形象代言推广品牌，萌的不要不要的 https://www.sohu.com/a/215098835_505931
2. 卡通形象与品牌的那些事儿 – 设计之家 https://www.sj33.cn/article/sjll/201507/44345.html

三、任务实施

1. 每小组选择一个营销主体，注意与上次任务的营销主体保持一致；
   （七选一：安吉白茶、百雀羚、盼盼食品、海洋公园、抗感冒药、面膜、薯片）
2. 完成至少三种周边产品设计，给出效果图；
3. 小组讨论完成卡通代言形象设计并赋予卡通形象人性化特点

四、任务成果

1. 周边产品设计（必选，围绕选定的营销主体进行周边产品设计，给出产品效果图，不少于3种周边）

    （1）周边一产品效果图

    （2）周边二产品效果图

    （3）周边三产品效果图

2. 本小组设计的卡通代言形象如下（可PS，可手绘）

3. 请简单说明卡通代言形象的具体构思及创意

续表

4. 卡通代言形象特点描述
   中文名：
   英文名：
   性　别：
   年　龄：
   个　性：
   技　能：
   喜爱的东西：
   讨厌的东西：
   ……
   （特点可自行增加）

示例：
   中文名：酷儿
   英文名：QOO
   性　别：男
   年　龄：据说他相当于人类的 5 至 8 岁
   个　性：喜欢模仿大人，是个乐观的孩子，有点儿娇气，有点儿容易自我陶醉。
   技　能：跳舞
   喜爱的东西：洗澡、好喝的饮料、听话的孩子
   讨厌的东西：淘气的孩子

五、任务执行评价

任务评分标准

序号	考核指标	所占分值	备注	得分
1	上交情况	10	是否在规定时间内完成并按时上交	
2	完整度	10	按框架完成，少一部分扣 5 分	
3	周边产品设计	40	能围绕选定的营销主体进行周边产品设计，产品效果图清晰，有创意，不少于 3 种周边	
4	卡通代言形象	40	卡通代言形象佳，有创意，特点描述全面	
			总分	

指导教师：

日期：　　年　　月　　日

扫码下载任务单

第三部分　活页笔记

学习过程：

重难点记录：

学习体会及收获：

资料补充：

《网络营销策划》活页笔记

模块四

媒介投放

知识目标

- 掌握广告媒介组合策略。
- 掌握千人成本的内涵。
- 掌握媒介排期的概念。
- 掌握媒介排期的策略。

技能目标

- 能够根据营销策略，科学、合理地选择、组合线上线下媒介。
- 能够策划最合理、最有效益的广告投放排期。
- 能够熟练制作排期表。

素质目标

- 培养学生信息收集、筛选、整理能力。
- 培养学生对市场环境变化敏锐的洞察力。
- 培养学生灵活变通能力。
- 培养学生整体观和大局观。
- 培养学生良好的成本控制能力。
- 培养学生良好的团队协作能力。

任务十二　媒介的选择

> 励志微语：
> 你可以拒绝学习，但你的竞争对手不会。

第一部分　知识学习

媒介组合

案例引入

江小白的广告媒介组合策略

2013年，因为受到塑化剂事件、严控"三公"消费等影响，国内白酒销售量整体下滑。国内知名酒企只好另辟蹊径，转战中低端市场，从"名酒"变"民酒"。而重庆的"江小白"则一开始就将白酒消费目标客户转向80后、90后等年轻消费群体，通过产品创新和社会化营销，在短时间内赢得大批粉丝和忠实消费者，抢占了白酒市场的新领域。

江小白产品包装简洁时尚，卡通形象代言人佩戴无镜片黑框眼镜、身着暗格休闲西服、辅以英伦风格的黑白格子围巾，有点不屑和呆萌，虽然外表低调但内心狂野，让年轻消费者一见到江小白的时候就能被其吸引。此外，江小白在保持普通白酒应有的品质和味道的同时调低了酒的度数，让年轻的消费者更能够接受。

根据江小白产品定位，其媒体受众是80后、90后的年轻消费群体，传统媒体对其影响力较小，微博、微信等新媒体是他们接收信息的主流渠道。江小白可以说是一个近乎完全依赖于社交媒体而造势出来的品牌。2011年12月27日，江小白发布了自己的第一条微博，内容是：我是江小白，生活很简单！到目前为止，江小白发布微博万余条，粉丝数超过50万。每条微博都有粉丝参与互动，在微博上江小白对粉丝的回复都以小白哥自称，而且当发生社会事件时，都第一时间站出来表明自己的态度，具有鲜明的性格和特点。

除了微博之外，微信也成为江小白的营销渠道之一。在微信营销刚刚起步时，江小白就建立了"小白哥"的私人账号，该账号由专人负责维护。通过这个账号消费者能和江小白分享自己的任何故事，让江小白获得了更多的忠实消费者。

除了线上营销，江小白的线下广告主要集中在四川、重庆和湖南。在这三个区域选择了白领接触频次多、覆盖人群广的地铁上发布广告，而后又在客流量较大的一些中小餐馆张贴江小白的平面广告，通过平面广告上的语录体赢得了消费者的认可。除此之外，简单生活宣言视频的街拍活动、两千只瓶酒见证贺龙体育馆最浪漫求婚、挑战吉尼

斯纪录中的最大规模的畅饮派对、江小白醉后真言互动派对、同城约酒等线下创意营销活动也在主要销售城市展开。

  总之,江小白选择的媒介组合就是微博、微信等互联网新媒体,再配合地铁广告以及餐饮渠道的平面广告,江小白几乎不投放电视、广播等传统媒介广告,这样的媒介组合实现了投入产出比的最大化。

(根据 E 书联盟资料整理)

知识链接

一、选择媒介应考虑的因素

媒介，也称媒体，是指传播过程中，用以扩大并延伸信息传送的工具。广告媒介是指被用来向消费者传递广告信息的媒介。可以说广告媒介是企业向消费者宣传产品信息的重要工具，直接影响着企业的发展。如中国快消品牌50强排行榜名列第一的伊利股份在广告媒介上投入极大，据统计，国人平均每人每年看到伊利的广告达85次。

在当代社会，广告媒介包括：传统媒介，指报纸、杂志、广播、电视等；线下媒介，指公交站台、电梯、地铁广告等；线上（网络）媒介，指网站、微博、微信、抖音、直播、小红书等。

企业在选择广告媒介时，应考虑以下因素。

1. 目标消费群体的媒介接触习惯

每一种媒介都具有一定的受众特征，大众传媒也在不断细分自己的目标受众群。不同年龄、性别、职业、文化修养、社会地位、经济状况的消费者，对广告媒介的接受能力和接受习惯也不相同。因此，在选择广告媒介时，必须充分考虑不同消费群的特点，才能保证广告的有效覆盖。

以15~20岁这一年轻群体为例作一分析，普遍特征表现为：①系统思考能力不强，分析、解析问题感性化色彩较浓；②性格叛逆，敢于向传统挑战，乐于接受新事物；③自我主张得到无限释放，个性化色彩浓厚；④与潮流、时尚同步，对品牌很难保持较高的忠诚度，但一旦认可，将长期保持；⑤娱乐偶像对其影响大。

通过对此群体的特征分析，在媒介选择上就可以得出这样的结论：传统媒介对其施加的影响较小，而新兴媒介如互联网成为媒介首选，但传统媒介中的某一些对其有一定的影响，如广播中的音乐类节目，电视中的综艺节目。

2. 产品特点

选择广告媒介应当根据产品性质与特征而定，因为各类媒体在展示、解释、可信度、注意力与吸引力等各方面具有不同的特点。如从可信度而言，央媒大于卫视；从展示、解释效果而言，直播大于视频大于图片大于文字。

3. 成本

应依据各类媒介成本选择广告媒介。

二、广告媒介组合策略

任何一种广告媒介的覆盖范围都有局限性，利用单一媒介进行传播，其宣传效果往往不是最佳。利用多种媒介进行组合传播，广告效果比运用单一媒介的广告效果要好。一是可以增加广告传播的广度，延伸广告覆盖范围；二是可以增加受众的广告接触次数，也就是增加广告传播深度。

广告覆盖面越大，产品知名度越高。消费者接触广告次数越多，对产品的注意度、记忆度、理解度就越高，购买的冲动就越强。

所谓广告媒介组合，是指在一定时期内，通过多种媒介发布同一产品或品牌的广告。广告媒介组合需注意两点，一是媒介组合使用要耗费大量广告费，企业需具备一定经济实力；二是媒介组合运用是复杂的，不能随心所欲，应建立在研究分析和合理规划的基础上。

案例点击

失败的媒介组合

一家生产饮料的民营企业，其规模并不大，却不惜花巨资在中央级媒体央视、央广等做广告。因为资金有限，只投放了一个星期，每天不到一分钟的时长，对企业知名度的提升几乎没有作用。

失败原因，有以下几点。

(1) 媒介选择过大。

(2) 产品没有遍布全国的销售网络。

(3) 广告应有一定的数量、一定的周期，才能在受众心中留下印象，才能使受众产生购买行动，而零打碎敲式的广告，就像过眼云烟，很难给人留下深刻的印象。

运用多种媒介做广告，不是简简单单将所选用的媒介累加在一起，要善于筹划，深入细致地分析媒介组合所构成的效果，进行优化，使组合的媒介能够发挥整体效应，使传播效果达到最大化。

1. 要能覆盖所有的目标消费者

把选择的媒介排列在一起，将其覆盖域相加，看是否把大多数甚至绝大多数的目标消费者纳入了广告可以产生影响的范围之内，即媒介能否有效地触及广告的目标对象。

如果不能够保证所有的目标消费者接收到有关的广告信息，就说明媒介组合中还存在着问题，需要重新调整或增补某些传播媒介，把遗漏的目标消费者补进广告的覆盖范围内。

同时注意媒介覆盖的范围不能大于目标市场的消费者，以免造成浪费。

2. 注意选取媒介影响力的集中点

组合后的媒介，其影响力会有重合。重合的地方，应是企业的重点目标消费者，这样才能增加广告效益。

反之，如果所选用的媒介影响力重合在非重点目标消费者上，甚至是非目标对象上，这样就得不到理想的广告效果，造成广告经费的浪费。

要以增加对重点目标消费者的影响力为着眼点，确定媒介购买的投入方向，避免在非重点目标消费者身上花费过多的费用。

作为营销策划者，应结合营销策略和品牌、产品所面向的消费群体、成本等，科学、合理地选择、组合线上线下媒介。某品牌媒介组合考虑比较全面、合理，如表4-1

所示。

表 4-1 某品牌媒介组合

媒介选择		内容	形式
网络媒介	微信	品牌人设形象塑造	日常推送、菜单功能区
		活动推广	微信打卡签到
		活动推广	"国际友谊日"活动宣传纪录片
	新浪微博	品牌人设形象塑造	日常微博以及借势吐槽
		日常互动	一句话毒舌评论/表情包评论/抢占热门
		活动推广	H5 链接
		活动推广	"国际友谊日"活动宣传纪录片
	爱奇艺视频	日常互动	弹幕吐槽互动
		品牌人设形象推广	影视广告
	优酷视频	日常互动	弹幕吐槽互动
		品牌人设形象推广	影视广告
	腾讯视频	日常互动	弹幕吐槽互动
		品牌人设形象推广	影视广告
	知乎	日常互动	科普知识
传统媒介	电视	湖南卫视 品牌人设形象推广	影视广告
		浙江卫视 品牌人设形象推广	影视广告
	广告立牌	活动推广	"国际友谊日"活动

学习资源

1. 千人成本

千人成本：广告投放过程中，平均每一千人听到或者看到某广告一次需要的广告成本。

$$千人成本 = (广告费用/到达人数) \times 1\,000$$

每千人成本是一种比较不同媒介宣传效力的便利方法。例：南京某晚报媒体发行量是 10 万份，通栏广告价格为 5 020 元，如果 1 份报纸 2 人传阅，则到达人数为 200 000 人。那么理论上该通栏广告的千人成本 =（5 020/200 000）× 1 000 = 25.1（元）。

但是现实中在报纸上刊登广告，广告被阅读的比例不可能达到 100%，可能只有一半人群关注到此广告，因此就会存在 50% 的无效读者群。那么此时的千人成本就不再是 25.1 元，而是 50.2 元。

再以公交车车身广告为例，研究机构表明：在二线城市 30 辆公交车车身上投放广告，3 个月可到达 73% 以上的本城市人群。试以无锡为例，无锡 2018 年常住人口约为 658 万人，658×73% = 480.34（万人），即在无锡 73% 的到达率覆盖约为 480.34 万人。

如果无锡1辆公交车投放3个月车身广告的刊例价格为20 000元，则30辆公交车车身广告投放费用为20 000×30＝600 000（元）。从计算公式来看，千人成本＝（600 000/4 803 400）×1 000＝124.91（元）。

当然，同样是覆盖千个群体，一次30秒电视广告跟一个刊登在晚报上的平面广告，或者是一幅张贴在商场大堂的海报所达到的广告效果或者说对购买决策的影响力可能是截然不同的。千人成本还有很多不足，比如忽略了不同媒体之间影响力上质的差别。因此千人成本并非是广告主衡量媒介价值的唯一标准，只是为了对不同媒介进行衡量而制定的一个相对指标。千人成本是广告主作出决策的参考数据之一，但不是唯一的参考依据，在综合决策过程起辅助作用。

2. 美肤宝护肤品营销策划案（"学院奖"获奖作品）

扫码查看
策划案全本

3. 碧生源减肥茶营销策划案（"学院奖"获奖作品）

扫码查看
策划案全本

第二部分　任务训练

媒介的选择的任务安排如表 4-2 所示。

表 4-2　媒介的选择的任务安排

任务编号：NMPT-4-12	建议学时：2 学时
实训地点：校内专业实训室	小组成员姓名：

一、任务描述
1. 演练任务：媒介的选择；
2. 演练目的：根据营销策略和品牌、产品所面向的消费群体、成本等，掌握科学、合理地选择、组合线上线下媒介的方法；
3. 演练内容：小组根据选定的营销主体，选择投放的媒介

二、相关资源
1. 请扫码查阅学习资源中的优秀作品；
2. 网络检索：媒体如何选？产品特点与广告媒体的选择

三、任务实施
1. 每小组选择一个营销主体，注意与上次任务的营销主体保持一致；
（七选一：安吉白茶、百雀羚、盼盼食品、海洋公园、抗感冒药、面膜、薯片）
2. 小组讨论确定营销活动投放的媒介并说明选择的依据

四、任务成果
1. 本小组选择的营销主体是＿＿＿＿＿＿＿＿
（注：与前一任务单保持一致）

2. 小组讨论确定选择的媒介，说明媒介选择的依据和组合策略，并用图表方式列出选择的投放媒介。（包括传统媒介、线上媒介、线下媒介，应结合本人策划的营销策略和品牌、产品所面向的消费群体、成本等，科学、合理地选择、组合各种媒介）

续表

五、任务执行评价

任务评分标准

序号	考核指标	所占分值	备注	得分
1	上交情况	10	是否在规定时间内完成并按时上交	
2	完整度	10	按框架完成，少一部分扣5分	
3	媒介选择	60	能结合策划的营销策略和品牌、产品所面向的消费群体、成本等，科学、合理地选择、组合各种媒介	
4	媒介数量	20	不少于10种，少1个扣2分	
			总分	

指导教师：

日期： 年 月 日

扫码下载
任务单

第三部分　活页笔记

学习过程：

重难点记录：

学习体会及收获:

资料补充:

《网络营销策划》活页笔记

任务十三　媒介的排期

> **励志微语：**
> 我从不担心自己努力过后不优秀，我只担心优秀的人比我还努力。

第一部分　知识学习

案例引入

某房地产公司广告排期表

排期实际上就是一个媒介购买计划，选择好适当的媒介之后，策划人员需要决定每个媒介购买多少时间或单元，然后安排在消费者最有可能关注的时间点发布广告。

以下是某房地产公司 2011 年 6 月 15 日到 8 月 15 日在各种媒介投放的广告排期表。

表 4-3　某房地产公司广告排期表

（根据百度文库网站资料整理）

一、媒介排期的概念

当下我们正处在一个媒体过剩的时代,面对纷繁的媒体,很多企业无所适从。正如美国一位企业家所言:"我知道我的一半广告费浪费掉了,可惜不知道是哪一半。"媒介排期之所以重要,就因为它可以最大限度地避免广告浪费,使广告真正发挥"营销放大器"的作用,而不是成为"烧钱"的营销陷阱。

所谓媒介排期,就是指在规定的时期内在各媒介投放广告的时间安排。如:何时开始投放优酷片头广告,投放要延续多长时间结束?何时开始投放地铁平面广告,购买多长时间的广告位?排期实际上就是一个媒介购买计划,既然是购买,那就和商品交易一样,广告主希望能够买到质优价廉的商品(广告时段),策划人员的责任就是为广告主提供专业的媒介建议和排期方案,帮助广告主进行合理、有效益的广告投放。

二、媒介排期的策略

排期应该基于产品特点、对媒介的熟悉、对目标群体媒介访问习惯的了解和丰富的传播学理论及经验,在媒介总投资不变的情况下,策略性地安排排期和比重,以获得最佳的广告效果。媒介排期不当时,将导致受众对品牌记忆的下降,不能有效地建立知名度;当排期与销售旺季有出入时,在竞争品牌中将丧失优势。媒介排期的策略主要有以下三种。

1. 持续式排期

持续式排期是指广告在整个活动期间持续发布,没有什么变动。此策略的优点在于广告能持续地出现在消费者面前,不断地累积广告效果,可以防止广告记忆下滑,持续刺激消费动机,其缺点是费用较高。采用这种方式主要有汽车、房地产、日用品等商品。

2. 间歇式排期

间歇式排期是指有广告期和无广告期交替出现,又称集中式排期,即将广告安排在一个特定的时间段内集中投放。此策略比较适合于季节性较强的商品,如电热毯、电风扇、冷饮产品等。

3. 脉冲式排期

脉冲式排期是持续式与间歇式策略的结合形式,即在广告持续不间断的基础上,根据销售或需求的时机进行间隔,在需求期加大广告投放力度,形成有规律的脉冲式排期。如空调、旅游景点、"双十一"电商产品销售旺季会明显加大广告和促销力度。

三、排期表的制作

当选择的媒介较多时,一般可使用甘特图(Gantt chart)来制作媒介排期表。

甘特图又叫横道图、条状图（Bar chart），是一个完整地用条形图表示进度的标志系统，通过活动列表和时间刻度形象地表示出项目的活动顺序与持续时间。

甘特图具有简单、醒目和便于编制等特点，在企业管理工作中被广泛应用。甘特图横轴表示时间，纵轴表示活动（项目），线条表示在整个期间的计划和实际活动的完成情况。它直观地表明任务计划在什么时候进行，及实际进展与计划要求的对比。管理者由此便可以清晰地了解一项任务（项目）还剩下哪些工作要做，并可评估工作是提前还是滞后，亦或正常进行，是一种非常理想的控制工具。图4-1所示的甘特图表示某项装修工程的计划进度。

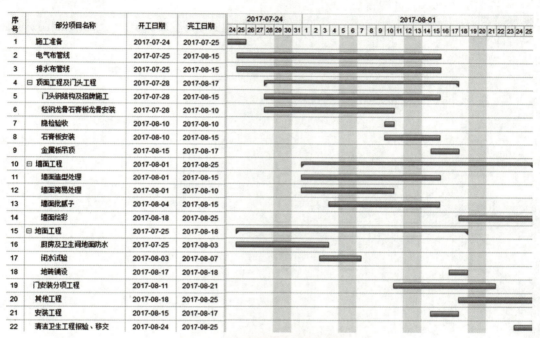

图4-1 装修工程计划进度的甘特图

制作甘特图有专门的软件如 Gantt project、Gantt Designer 和 Microsoft Project 等，当然也可以在 Microsoft Excel 中手动绘制。

甘特图

第二部分 任务训练

媒介的排期的任务安排如表 4-4 所示。

表 4-4 媒介的排期

任务编号：NMPT-4-13	学时：2 学时
实训地点：校内专业实训室	小组成员姓名：

一、任务描述

1. 演练任务：媒介的排期；
2. 演练目的：掌握排期的方法，帮助企业策划最合理、最有效益的广告投放排期；
3. 演练内容：用甘特图对选择的媒介进行排期

二、相关资源

1. 请扫码查阅学习资源中的优秀作品；
2. 网络检索：甘特图、媒介排期策略

三、任务实施

1. 每小组选择一个营销主体，注意与上次任务的营销主体保持一致；
   （七选一：安吉白茶、百雀羚、盼盼食品、海洋公园、抗感冒药、面膜、薯片）
2. 小组讨论确定媒介排期

四、任务成果

1. 本小组选择的营销主体是_____
   （注：与前一任务单保持一致）
2. 用甘特图方式列出媒介排期。（时间跨度：2021.1.1—2021.1.20，需细化到每一天，需包括前一任务单中选择的所有媒介）

媒介类别	媒介选择	内容	开放投放日期	结果投放日期	2021-1																	
					1	2	3	4	5	6	7	8	9	10	11	12	13	14	15	16	17	18	19	20
线上媒介																								

续表

媒介类别	媒介选择	内容	开放投放日期	结果投放日期	2021-1																
					1	2	3	4	5	6	7	8	9	10	11	12	13	14	15	16	17	18	19	20
线下媒介																					
传统媒介																					

五、任务执行评价

任务评分标准

序号	考核指标	所占分值	备注	得分
1	上交情况	10	是否在规定时间内完成并按时上交	
2	完整度	10	按框架完成，少一部分扣5分	
3	媒介排期	60	各种媒介科学组合，排期合理	
4	媒介数量	20	不少于10种，少1个扣2分	
			总分	

指导教师：

日期： 年 月 日

扫码下载
任务单

第三部分　活页笔记

学习过程：

重难点记录：

学习体会及收获：

资料补充：

《网络营销策划》活页笔记

模块五

经费预算

知识目标

- 掌握投资回报率的概念。
- 了解常见广告渠道价格体系。
- 熟悉线上广告定价的主要模式。

技能目标

- 能够熟练计算投资回报率。
- 能够根据广告投放时长和价格体系编制经费预算表。
- 能够根据市场变化灵活优化经费预算表。

素质目标

- 培养学生信息收集、筛选、整理能力。
- 培养学生对市场环境变化敏锐的洞察力。
- 培养学生灵活变通能力。
- 培养学生整体观和大局观。
- 培养学生良好的成本控制能力。
- 培养学生良好的团队协作能力。

任务十四 经费预算

> 励志微语：
> 如果今天不走，那么明天就要跑。

第一部分 知识学习

案例引入

今日头条推广精彩案例——vivo X27 新机发布项目

2019年3月上市的vivo X27新机主题是"美·更进一步"，与头条时尚自营话题#变美大作战#实现内容主题高匹配。以此为契机，头条科技频道与时尚频道强强联动，打造vivo X27新机定制话题和#春天一起变美吧#双话题，聚合强资源带动新机宣传。围绕#春天一起变美吧#主题，vivo面向160万创作者征文，20个官号和30大头部KOL爆发式引流，产出内容超3 000篇。数亿关注下，vivo X27短期快速"刷屏"，话题总阅读超2亿，内容讨论超20万，发文总量超1万篇。

（根据简书资料整理，作者：蓝桥易乞ws）

知识链接

一、投资回报率

企业进行营销推广的原则是以较少的投入获得尽可能优的效果。大多数的企业会先确定经费预算，再根据费用预算去做营销方案。有钱就按有钱的办法做营销，钱少就按钱少的办法做营销。比如做短视频营销，不想花大钱请知名 KOL，就要精心做好内容，内容好了平台自然就会分配流量，同样可以起到较好的营销效果。

一个战略规划的关键部分是确定预期的投资回报。企业可以将收益与成本比较，进行成本收益分析，计算投资回报率。

投资回报率（Return On Investment，ROI）是指利润（或年均利润）占投资总额的百分比。公式为：ROI=（利润÷投资总额）×100%。

案例点击

投资回报率（ROI）的计算

投资回报率是通过投资而应返回的价值，是企业从一项投资性商业活动的投资中得到的经济回报，它涵盖了企业的获利目标。

例1：杨某某去批发市场以每件4元的价格买了50件衬衫，共花去200元，然后以300元的价格将衬衫卖出。问：该项投资回报率为多少？

计算方法：不考虑人力劳务、交通、广告等成本，该项投资获得了利润100元，花费成本200元。则：

$$ROI=(300-200)/200×100\%=50\%$$

该投资回报率为50%。意味着每花掉1元，能赚回1.5元。

例2：杨某某去批发市场以每件4元的价格买了50件衬衫，共花去200元，然后以300元的价格将衬衫全部卖出。在此过程中为了扩大宣传效果制作了一张推广海报张贴在摊位前，花费印刷费20元。问：该项投资回报率为多少？

计算方法：不考虑人力劳务、交通等成本，该项投资获得了利润80元，花费成本220元。则：

$$ROI=(300-200-20)/220×100\%=36.4\%$$

该投资回报率为36.4%。

例3：杨某某去批发市场以每件4元的价格买了50件衬衫，共花去200元，然后以300元的价格将衬衫全部卖出。在此过程中为了扩大宣传效果制作了一张推广海报张贴在摊位前，花费印刷费20元，另外聘请一名路人帮助吆喝，花费30元。问：该项投资回报率为多少？

计算方法：不考虑交通等成本，该项投资获得了利润50元，花费成本250元。则：

$$ROI=(300-200-20-30)/250×100\%=20\%$$

该投资回报率为 20%。

企业决策层常常利用投资回报率（ROI）来判断企业的投入是否值得。当然，投资风险越高，所要求的回报率也就越高。策划人员在做策划案时需考虑投资回报率，尽可能在有限的预算内得到更佳的营销效果。

二、常见广告渠道价格体系

根据前述，任何一种广告媒介的覆盖范围都有局限性，利用单一媒介进行传播，其宣传效果往往不是最佳。利用多种媒介进行组合传播，广告效果比运用单一媒介的广告效果要好。在进行组合传播时既要考虑效果，也要考虑广告成本。下面简单介绍几种广告渠道的价格。

1. 微信朋友圈广告

朋友圈广告通过微信广告系统进行投放和管理，广告内容将基于微信公众账号生态体系，以类似朋友的原创内容形式进行展现，在基于微信用户画像进行定向的同时，通过实时社交混排算法，依托关系链进行互动传播。广告界面如图 5-1 所示。

图 5-1　朋友圈广告

朋友圈广告采用 CPM 方式计费，支持按地域投放，支持跳转 HTML5 详情页面。目前已开放的一级行业类目有：交通类、消费电子类、IT 产品类、运营商类、食品饮料类、房地产类、银行保险类（仅寿险车险）、服饰鞋包饰品类、连锁零售类、日用百货类、家居装饰类、休闲娱乐类、母婴儿童类。由于其精准的人群定位，广告效果较佳，可为广告主带来高质量消费用户，提升目标用户的购买转化率。朋友圈广告价格体系如图 5-2 所示。

图 5-2 朋友圈广告价格体系

2. 新浪门户网站广告

新浪公司是一家服务于中国及全球华人社群的网络媒体公司。新浪通过门户网站新浪网、移动门户手机新浪网和新浪微博组成的数字媒体网络，帮助广大用户通过互联网和移动设备获得专业媒体和用户自生成的多媒体内容（UGC）并与友人进行兴趣分享。作为国内门户网站之首，其广告价格体系（部分）如图 5-3、图 5-4 所示。

图 5-3 新浪门户网站首页轮播广告价格

3. 优酷视频广告

目前，优酷用户规模已突破 4 亿，意味着至少有 1/4 的中国人成为优酷视频的用户。优酷为用户提供最全、最多样的内容，帮助用户多终端、更便捷地观赏高品质视

新浪网络广告2018Q2-2018Q3报价单

(有效期:2018/04/01-2018/09/31)

频道	页面	形式	产品名称	售卖单位	刊例价
新浪首页	首页	超屏	首页五轮播超屏(天)	天	¥890,000
		通栏	首页顶部五轮播1000*90通栏	天	¥450,000
			首页顶部五轮播定向1000*90通栏(CPM天)	CPM天	¥100
			首页顶部五轮播非定向1000*90通栏(CPM天)	CPM天	¥100
			首页两轮播1000*90通栏01	天	¥430,000
			首页两轮播1000*90通栏02	天	¥300,000
			首页两轮播1000*90通栏03	天	¥240,000
			首页两轮播1000*90通栏04	天	¥180,000
			首页两轮播1000*90通栏05(天)	天	¥150,000
			首页底部三轮播1000*90通栏	天	¥60,000
		按钮	首页第一屏五轮播240*350按钮	天	¥450,000
			首页第一屏五轮播定向240*350按钮(CPM天)	CPM天	¥90
			首页第一屏五轮播非定向240*350按钮(CPM天)	CPM天	¥90
			首页要闻区左侧两轮播2*200按钮01	天	¥300,000
			首页要闻区左侧三轮播定向-CPD240*200按钮01	天	¥300,000
			首页左侧两轮播240*200按钮02	天	¥250,000
			首页左侧三轮播240*200按钮03(天)	天	¥100,000
			首页左侧三轮播240*200按钮04(天)	天	¥80,000
			首页左侧两轮播定向240*200按钮06(天)	天	¥100,000
			首页左侧240*350按钮07(天)	天	¥200,000
			首页左侧两轮播240*200按钮08(天)	天	¥60,000
			首页左侧两轮播定向240*200按钮08(天)	天	¥60,000
			首页左侧240*350按钮09(天)	天	¥120,000
		背投	首页两轮播1000*450背投(天)	天	¥300,000
		流媒体	首页两轮播1000*300流媒体(天)	天	¥890,000
		跨栏广告	首页两轮播1000*90跨栏广告	天	¥420,000
		动态全屏	首页1000*450动态全屏(小时)	小时	¥750,000
		全屏	首页1000*450全屏(小时)	小时	¥650,000

图5-4 新浪门户网站广告价格体系(部分)

频,充分满足用户日益增长的互动需求及多元化视频体验。优酷现已覆盖PC、电视、移动三大终端,兼具影视、综艺、资讯三大内容形态,贯通视频内容制作、播出、发行三大环节,成为真正意义的互联网电视媒体平台。作为国内视频网站标杆,其广告价格体系(部分)如图5-5所示。

2019年优酷视频内资源广告刊例

执行有效期:2019年1月1日——12月31日

营销产品	市场类型	区域描述	价格(元/CPM)						资源属性	备注
			多屏通投			OTT	移动端	PC	PAD		
			15秒贴片	暂停	角标						
常规投放	Key	北京\上海	¥140	¥80	¥60	加收50%	加收10%	加收10%	加收50%	可折不可配送	·加收逻辑:折后净价×加收比% ·5秒价格=15秒价格×40%, 30秒价格=15秒价格×200% ·周平均频次下正1次,加收20%,不接受周平均频次小于1次 ·加双频控,周平均频次取最小值 ·周平均频次计算方式批注3 ·指定前贴加收10% ·指定贴片正一加收25%,指定倒一加收10% ·指定时间段投放加收10% ·指定影视综一级分类加收10% ·指定内容二级分类投放加收10% ·暂投资源在年度重点节点营销期间加收15%(具体节点定义请询陶广告经理)
	A+	广州\深圳\成都\沈阳\杭州\武汉\重庆\南京\苏州	¥100	¥65	¥45						
	A	长沙\天津\昆明\无锡\大连\哈尔滨\福州\宁波\青岛\郑州\东莞\温州\西安合肥	¥80	¥50	¥35						
	B	其他城市或省	¥50	¥35	¥25						
	全国	全国	¥45	¥30	¥20						
智能预留	-	智能预留价格=常规投放价格×(1+加收系数)								可折不可配送	·不同推送比加收系数(推送比=100%)×40% ·推送比定义详见批注4 ·最低加收比例10%(含不返量) ·最高推送比150%

图5-5 优酷广告价格体系

4. 今日头条信息流广告

今日头条作为国内手机新闻头部App,拥有超过7亿用户。据统计,每月至少1.75亿人使用今日头条阅读新闻资讯,每日至少7 800万人使用,每人每天平均打开9次,每人每日平均使用76分钟。今日头条精准广告系统会根据用户平时阅读新闻的习惯,结合大数据系统,为每一个用户定义非常复杂的特性标签,为用户画像,实现性别、年龄、兴趣、时间、城市、天气、职业、购物习惯等多纬度定向投放广告。精准投放和广告展示量巨大是今日头条广告最大的特点,向合适的人展示合适的广告,让广告主每一分钱的预算支出都物超所值。

今日头条广告收费分：精准竞价广告和品牌展示广告。精准竞价广告按 CPC 点击竞价收费，或 CPM 千次展示竞价收费。品牌展示广告按照 CPM 展示收费（固定单价）。根据购买量和投放城市范围不同，CPM 单价不同。其广告价格体系（部分）如图 5-6、图 5-7 所示。

落地页广告						
广告位置	信息流	小图	组图	大图	视频	
	详情页					
	内涵段子					最低广告预算
计费方式	普通竞价	0.2元/点击CPC				100元/计划
		4元/千次展示CPM				
	目标转化成本竞价 仅限信息流	1元/提交订单OCPC				1 000元/计划
		1元/拨打电话OCPC				

APP直接下载广告						
广告位置	信息流	小图	组图	大图	视频	
	详情页					
	内涵段子					最低广告预算
计费方式	普通竞价	0.2元/点击CPC				100元/计划
		4元/千次展示CPM				
	目标转化成本竞价 仅限信息流	1.5元/APP下载OCPC				1 000元/计划

文章广告						
广告位置	信息流	小图	组图	大图	视频	最低广告预算
计费方式	普通竞价	0.2元/点击CPC				100元/计划
		4元/千次展示CPM				

图 5-6 今日头条精准竞价广告价格

广告名称		位置	轮刷/备注	CPM单价（元）	刊例价（元）/轮	日均CPM数量	展示逻辑	备注
开机画面图	静态3s（不可点击）	APP启动时	1/7	160	1 280 000	8 000	1.app启动时随机展示，七轮播；2.未关闭客户端后台进程时，展示间隔为两小时；3.关闭客户端后台进程后再打开可再次进行随机展示；4.静态展示3s,动态展示4s	1.涉及预先加载，所有投放广告需要至少提前2个工作日提交，否则加载不充分导致展示量未达承诺，头条不予补量 2.共7轮播，其中1轮做区域售卖，若当天区域开屏广告未售卖品牌客户1天最多可购买7轮播
			全量	160	8 960 000	56 000		
	静态3s（可点击）		1/7	200	1 600 000	8 000		
			全量	200	11 200 000	56 000		
	动态4s（不可点击）		1/7	200	1 600 000	8 000		
			全量	200	11 200 000	56 000		
	动态4s（可点击）		1/7	240	1 920 000	8 000		
			全量	240	13 440 000	56 000		
固定位信息流广告	小图	推荐首面第4位置	4—1	120	6 600 000	55 000	1.推荐首页，第四位展示 2.4轮刷，4个广告每次刷新更新一次，固定在前4刷出现 3.广告标题下有"推广"字样 4.刷新定义：手指从上至下滑动页面或点击刷新按钮视为刷新	1.文字标题及图片素材需符合头条的市场定位，为达到最佳投放效果，可能会进行微调 2.视+播预知：(1)ios在点击视频播放按钮开始播放(2)jios在点击其他视频后该视频停止播放 3.非wifi下有弹框提示网络环境 (4)视频划出屏幕后自动停止 (5)支持指定封面 (6)点击标题进详情页进行分享 (7)客户端4.5版本以下只展示大图
			4—2	120	4 800 000	40 000		
			4—3	120	3 600 000	30 000		
			4—4	120	3 000 000	25 000		
	大图/组图		4—1	160	8 800 000	55 000		
			4—2	160	6 400 000	40 000		
			4—3	160	4 800 000	30 000		
			4—4	160	4 000 000	25 000		
	视频广告		4—1	160	8 800 000	55 000		
			4—2	160	6 400 000	40 000		
			4—3	160	4 800 000	30 000		
			4—4	160	4 000 000	25 000		

图 5-7 今日头条品牌展示广告价格

5. 《中国之翼》杂志广告

《中国之翼》在中国国际航空公司所有航班客舱以及国内各大机场国航 VIP 贵宾室都有发行展示，同时发往美国、加拿大、法国、德国、英国及澳大利亚等地的办事处，月发行量 40 万册。

中国国际航空覆盖航线：国内 231 条，地区 15 条，国际 82 条；覆盖航班：7 857 班/周；覆盖人群：690 万人次/月；国航拥有客机 395 架，座椅总数约 10 万。中国国际航空公司航线包括北京、上海、广州、成都、重庆、南京、杭州等 72 个国内城市。国内的华北、西南地区和国际的欧美地区是国航的优势覆盖区域。国航乘客大多为高学历、高收入及高消费力的中上阶层，包括商界领袖、企业的中高层主管及政府高管，读者人数每月平均 300 万人次。其广告价格体系如图 5-8 所示。

普通内页	2020刊例
内页整版	351 000
内页出版	623 000
指定内页整版	388 000
1/2内页	242 000
1/3内页	158 000
特定版位	
封面内/外拉页	1 342 000
封二跨页	1 204 000
目录前第一跨页	856 000
目录前第二跨页	796 000
目录前第三跨页	724 000
目录前跨页	690 000
第一目录对页	510 000
第二目录对页	458 000
第三目录对页	422 000
目录对页	410 000
封三	386 000
封三跨页	620 000
封面	2 000 000
封底	855 000

图 5-8 《中国之翼》2020 年广告刊例价格

6. 《新旅伴》高铁杂志

《新旅伴》杂志于 2020 年 1 月创刊，是北京高铁上发行的旅游电影时尚类期刊，杂志致力于为中国商旅人群提供全面、新鲜、系统的境内和境外旅游资讯服务。

北京局拥有 247 组高铁列车（含京张高铁），共计 494 车次，投放杂志 16 796 本，读者传阅量 5 人/本，月受众人数高达 5 038 800 人次。其广告价格体系如图 5-9 所示。

策划人员需详细了解各种广告渠道的最新价格体系，并据此合理给出经费预算。

版面	刊例价格（RMB元）	尺寸	出血后尺寸
内页整版	10 800	210×285	216×291
内页1/2（竖）	65 000	90×285	96×291
内页1/3（竖）	46 000	70×285	76×291
内页跨页	176 000	420×285	426×291

图 5-9　《新旅伴》2020 年广告刊例价格

三、预算表编制

一个有效的营销方案，就像是一条鲜活的生命。只要是生命，就会有周期。一般情况来讲策划人员为企业制订的方案是为期一个月至半年的，长一点的是一年至三年。

策划人员可结合广告投放时长和价格体系编制经费预算表，经费预算表样式如表 5-1 所示。

表 5-1　经费预算表

活动	项目	单价及测算	投放时间（时长）	小计价格（元）
可自行增加				
	总预算（元）			

学习资源

1. 线上广告定价的三种主要模式

CPM、CPC、CPA 是线上广告定价的三种主要模式，CP 代表每次成本，这些首字母缩略词中的每一个都以这两个字母开头，因为是按照潜在访客浏览广告（CPM）、点击（CPC）或完成与其相关的操作（CPA）后的次数来计费的。

（1）CPM（Cost Per Mille）

CPM 即每千人成本，是按照曝光计费，指广告投放过程中，平均每一千人分别听到或者看到某广告一次一共需要多少广告成本。

一般来说，收费最科学的办法是按照有多少人看到你的广告来收费。按访问人次收费已经成为移动广告平台的惯例，只要展示了广告主的广告内容，广告主就要为此付费。

举例：某广告主预订某网站、App 中的弹窗和 banner，只要这个弹窗或者 banner 在该页面中被展示了 1 000 次（1 000 个 IP），即使 1 000 次中没人滚屏或到页面底部看这个广告，也被计算为一个 CPM。

（2）CPC（Cost Per Click）

CPC 即每点击成本，是以每点击一次计费，当用户点击某个网站或 App 上的 CPC 广告后，这个平台就会获得相应的收入。

CPC 是一种点击付费广告，如关键词广告一般采用这种定价模式。而因为看到不收费，所以被称为宣传的最优方式。同时为了防止作弊，有的平台规定每个 IP 在一段规定的时间内不计第二次点击的费用。

举例：某广告主预订某网站、App 中的弹窗和 banner，10 个用户（即 10 个不同的 IP）在一段规定的时间内分别点击对弹窗或者 banner 进行了点击，即产生了 10 次有效 CPC。

（3）CPA（Cost Per Action）

CPA 即每行动成本，指广告主为每个行动所付出的成本，也称按效果付费成本。

CPA 是指按广告投放实际效果，即按回应的有效问卷或订单来计费，而不限广告投放量。貌似 CPA 应该最难做，但同时做好了收益也是最好的，就好比股票风险高收益可能最大，货币风险最低收益最少。

举例：某品牌酒店在投放网络广告的时候，按照每成功注册一个会员，给网站或平台付 20 元，即每次 CPA 的价格为 20 元。

除以上三种主流模式外，还有 CPS（Cost Per Sales）：以实际销售产品数量来换算广告费用；CPD（Cost Per Download）：按照下载量收费；CPL（Cost Per Lead）：按照广告点击引导用户到达服务商指定网页的客户数量计费，限定一个 IP 在 24 小时内只能点击一次。

总之，在如今广告碎片化的时代，无论采用哪种计费方式，广告主都需要根据自身产品特性进行选择定位，以最小成本去触达广泛的目标用户，从而达成购买或成交。

2. 恒源祥营销策划案（学院奖获奖作品）

扫码查看
策划案全本

3. 爱尔眼科营销策划案（学院奖获奖作品）

扫码查看
策划案全本

第二部分　任务训练

经费预算的任务训练如表 5-2 所示。

表 5-2　经费预算的任务训练

任务编号：NMPT-5-14	建议学时：2 学时
实训地点：校内专业实训室	小组成员姓名：

一、任务描述
1. 演练任务：经费预算；
2. 演练目的：熟悉各广告渠道的最新价格体系，进一步掌握营销排期概念，学会编制合理可行的经费预算表；
3. 演练内容：小组根据选定的营销主体，结合选择的媒介、广告投放时长和价格体系编制经费预算表

二、相关资源
1. 各广告渠道价格体系 http：//www.beijihu.com/index.html
2. 今日头条广告价格体系 http：//toutiao.appho.cn/kanli.html

三、任务实施
1. 每小组选择一个营销主体，注意与上次任务的营销主体保持一致；
（七选一：安吉白茶、百雀羚、盼盼食品、海洋公园、抗感冒药、面膜、薯片）
2. 网络查询各广告渠道的最新价格体系；
3. 小组讨论编制经费预算表，适当考虑投资回报率

四、任务成果
1. 本小组选择的营销主体是_____
（注：与前一任务单保持一致）
2. 小组讨论编制完成以下经费预算表

经费预算表

活动	项目	单价及测算	投放时间（时长）	小计价格（元）
可自行增加				
总预算（元）				

续表

（备注：以上活动包含线上活动和线下活动，根据前面任务确定的投放媒介和排期来进行计算）

例：

经费预算表

活动	项目	单价及测算	投放时间（时长）	小计价格（元）
例：优酷贴片广告 15 秒	制作费	250 000		250 000
	演员费用（二线）	25 万/片/人，2 人		500 000
	投放费用	130 元/CPM	2020.6.1—6.10	1 000 000
例：杭州一号线地铁站台海报	海报制作	5 000/张，共 3 张		15 000
	投放费用	10 000/天，投放 20 天	2020.6.1—6.20	200 000
新浪门户广告	首页轮播	45 万/天	2020.6.1	450 000
抖音 KOL 营销	头部达人 PAPI 酱	10 万/天	2020.6.3	100 000
公交车身广告	杭州公交 7 路 1 辆	1 万/天	2020.6.1—6.20	200 000
……				
……				
……				
总预算（元）				10 000 000

五、任务执行评价

任务评分标准

序号	考核指标	所占分值	备注	得分
1	上交情况	10	是否在规定时间内完成并按时上交	
2	完整度	10	按框架完成，少一部分扣 5 分	
3	经费预算	60	单价及测算、投放时间（时长）合理，可行性强	
4	活动数量	20	不少于 10 个，少 1 个扣 2 分	
总分				

指导教师：

日期：　　年　　月　　日

扫码下载任务单

第三部分　活页笔记

学习过程：

重难点记录：

学习体会及收获：

资料补充：

《网络营销策划》活页笔记

模块六 综合实训

第一部分 实训大纲

（一）实训目的

《网络营销策划》综合实训主要检验学生及团队一个学期以来的学习效果，考察学习者的调研、分析、创新创意、媒介运作、财务预算等核心能力，评价学生及团队完成策划案的综合能力。

（二）实训时间安排

实训学时建议安排 8~12 学时，其中 6~8 学时用于完成全本策划案，4~6 学时用于 PPT 汇报、交流。

（三）实训内容

根据本学期本组选定的营销主体，完成此营销主体的营销策划案，并制作 PPT，进行汇报、交流。策划案建议包括以下内容。

封面（营销主题+品牌或产品名+卡通形象，色彩搭配合理，视觉效果好）
目录
内容提要
1 市场分析
1.1 宏观环境分析（人口、政策法律、经济、社会文化、技术、自然环境）
1.2 产品分析
1.3 竞争对手分析（不少于 2 个竞争对手，给出竞争对手比较雷达图）
1.4 SWOT 分析

1.5　消费者分析（确定目标消费者及其特点）
1.6　目标市场定位（用一句话表示）
2　营销策略
2.1　营销主题（明确营销主题并阐述创意点）
2.2　营销策略（尽量围绕营销主题进行策略设计）
2.2.1　活动策划（结合当下热点进行创意活动策划，给出具体方案和活动推广海报，并展示公交站台海报效果图。海报能清楚地展示你的产品或活动（时间、地点等），冲击力强，受众能方便地参与和关注（二维码））
2.2.2　视频营销（主角设计和剧情设计）
2.2.3　软文营销（软文标题和具体内容）
2.2.4　微博推广（话题策划与奖项）
2.2.5　KOL营销（阐述微博、抖音营销策略，给出小红书种草笔记）
2.2.6　其他自选策略
3　创意表现
3.1　推广海报设计（核心产品海报、三连张地铁海报、公交车身海报、电梯海报等）
3.2　核心产品设计（给出核心产品创意效果图并说明创意）
3.3　周边产品设计（围绕你选定的营销主体进行周边产品设计，给出产品效果图，不少于3种周边）
3.4　卡通代言形象设计（给出具体卡通形象和特点描述）
4　媒介投放
4.1　媒介选择（包括线上与线下媒介）
4.2　媒介排期（给出具体排期表）
5　经费预算（预算内容和费用）
封底

（四）实训流程

（1）教师发布实训要求。
（2）团队分工协作完成选定营销主体的策划案。
（3）团队制作PPT，并选派1名队员进行展示汇报。
（4）各组对汇报小组进行点评。
（5）教师点评。
（6）根据点评意见修改完善策划案。
（7）根据需要提交电子稿和纸质稿。

（五）考核标准

根据完成情况评出不合格（60分以下）、合格（60~69分）、中（70~79分）、良（80~89分）和优秀（90分含以上）五个等级，具体评分标准如表6-1所示。

表 6-1 综合实训评分标准

序号	考核指标	评价标准	分值
1	策划案完整度	包括营销策划案指定内容，少一块扣 2 分，扣完为止	20
2	创新创意	围绕活动策划、视频、产品设计、形象设计、海报设计进行创意评价	50
3	合理性、可行性	媒介选择合理，预算可行性强	10
4	排版格式	封面设计冲击力强，内页排版整齐规范，色彩搭配合理，无错别字	10
5	汇报表现	自信、流畅、脱稿汇报、节奏感强	10

学习资源

扫码查看
综合实训
策划案示例

扫码查看
综合实训汇报
PPT 示例

第二部分　活页笔记

学习过程：

重难点记录：

学习体会及收获：

其他小组策划案精彩部分记录：

《网络营销策划》活页笔记

附录

企业命题策略单1（安吉白茶）

产品名称

安吉茶产业集团有限公司——小极白 · 氨基酸白茶。

扫码下载
命题策略单

策划主题

让年轻人端起茶杯。

品牌调性

小极白，为年轻准备的茶（诠释：年轻人喝的茶和想年轻的人喝的茶）。

传播\营销目的

1. 建立小极白的产品认知，让年轻人和想年轻的人爱上小极白、购买小极白。
2. 提升小极白品牌整体形象。

企业\产品简介

安吉茶产业集团有限公司坐落于浙江安吉，核心品牌"极白"是中国安吉白茶第一品牌，以"比一般绿茶氨基酸含量高2~3倍"名扬天下。

安吉白茶的品质非常苛求，安茶集团目前整合并购的峰禾园、千道湾均属白茶企业前五强，拥有行业内最为先进、齐全的制茶流程，同时他们也是经验丰富的制茶大师。极白拥有当地最大规模的自动化茶叶生产流水线设备。借助自动化流水线，不论是茶叶的形、色，还是味道，都能得到统一。

极白只做成品茶、包装茶，极白的每一款产品规格都是经过严密设计的，执行的关键环节就在包装上，为了解决这一难题，极白通过与相关设备制造商共同研发，包装环节用机器取代人工在 2016 年已经实现，用精密准确的设备，进一步确保极白产品规格的精准控制。对品质的追求，外在体现方方面面，其实更在于内在的"润物无声"，就如安茶设立之初，就抱定信心，向茶农的茶园基地、茶企的生产基地以及经销合作伙伴灌输品质第一的理念，就如安茶始终的目标——输出标准。

小极白功能诉求：比一般绿茶氨基酸含量更高。

小极白态度：你喝咖啡我喝茶。

小极白品牌文化诉求：谢天谢地谢谢您。

小极白销售渠道：电商渠道和线下专柜。

目标消费者

核心目标群：85 后、95 后为主，敢爱敢恨，追求快乐的年轻人。

主要竞争者

年轻化、电商化的茶叶品牌，如普洱、西湖龙井、茉莉花茶、金骏眉、小青柑、小罐茶等。

策划案要求

中国的网民消费茶叶有明显的年龄标志，目前的主要茶叶消费网民是 70 后和 80 后，如何培养 90 后、00 后的茶饮习惯，如何把茶叶打造成快节奏生活的调剂品是策划案需要思考的首要问题。策划应强调"互动"和"乐趣"，通过社交，增加用户粘性，满足消费者情感需求。需紧紧围绕产品调性和传播主题展开创意，以吸引关注、促使自发传播为主要目的。

Logo 及产品图片素材（见图 1）

图 1　极白 Logo 及产品图片素材

图 1　极白 Logo 及产品图片素材（续）

官方网站

官方网站：www.jibaitea.com

官方微信：

企业命题策略单 2（百雀羚化妆品）

产品名称

百雀羚草本系列、百雀羚三生花系列。

扫码下载
命题策略单

策划主题

为国货化妆品品牌百雀羚打 call。

品牌调性

百雀羚草本系列——天然不刺激，百雀羚草本（侧重表达草本系列）。
百雀羚三生花系列——以花养肤，天然如初。

传播 \ 营销目的

改变年轻人心中对国货的刻板印象，打造国货新力量。

企业 \ 产品简介

百雀羚是国内经典的草本护肤品牌，1931 年创立于中国上海，诞生至今始终秉承"天然、不刺激"的东方护肤之道，借助天然草本之力，运用现代科技打造天然温和的草本护肤品。

百雀羚品牌销售体量目前稳居国内化妆品市场第一名，线上线下产生上亿次购买。近几年品牌在电商渠道大玩年轻化，收割了大量 90 后年轻群体。

目标消费群

年轻女性（18~35 岁）

策划案要求

进行线上线下整合策划,如设计百雀羚双 11 促销广告语、新浪微博话题、广告文案、视频广告、微电影、H5 移动交互广告、户外公共广告等。

Logo 及产品图片(见图 2)

图 2　百雀羚 Logo 及产品图片

官方网站

百雀羚品牌官网
http：//www.pechoin.com

百雀羚天猫旗舰店
https：//pechoin.tmall.com

官方微信

官方微博

百雀羚旗舰店官方微博

企业命题策略单3（盼盼食品）

产品名称

盼盼梅尼耶涂层蛋糕（新品）。

扫码下载
命题策略单

策划主题

新产品：好吃到令人颤抖。

品牌调性

健康、营养、快乐、时尚、年轻、高端、国际化。

传播\营销目的

结合盼盼食品的品牌文化、产品特性，发挥你的创意才能，提炼能与消费者产生共鸣、深入消费者心灵的创意，打造深受喜爱的高端、经典、独一无二的盼盼梅尼耶涂层蛋糕品牌。

企业\产品简介

盼盼食品集团始创于1996年，是以农产品深加工为主的国家级农业产业化重点龙头企业，员工12 000人，在全国范围内已拥有16家大型现代化生产基地，市场营销网络遍布全国各省市县和乡镇。公司主要生产盼盼麦香系列膨化食品，盼盼手撕面包、法式小面包、软面包、铜锣烧、梅尼耶干蛋糕、软华夫等烘焙食品，以及子品牌"艾比利"薯片、梅尼耶系列、模范小班系列等；2013年公司进军饮料市场，重磅推出"在益起"乳酸菌、生榨椰子汁等时尚健康饮品，其中，梅尼耶干蛋糕、盼盼手撕面包、盼盼瑞士卷等系列产品被作为2017金砖厦门会晤指定产品。作为亚洲品牌500强的盼盼食品一直致力于产品研发和技术创新，始终以"绿色、健康、营养、时尚、方便、放心"的产品面对消费大众，深受消费者好评。

继风靡大江南北的梅尼耶干蛋糕之后，盼盼食品技术总顾问、白宫前首席糕点长罗兰·梅尼耶再次推出全新力作——梅尼耶涂层蛋糕，鲜脆可口的奶油涂层，松软绵密的蛋糕、细腻浓郁的奶油夹心共同铸造了这款美味、营养、高端的休闲美食。

目标消费群

学生群体、白领一族、时尚家庭。

主要竞争者

好丽友等。

策划案要求

进行线上线下整合策划，打造"梅尼耶涂层蛋糕"全案，将产品通过有话题性的事件进行传播，网络推广、事件策划、娱乐营销统统都可以，与消费者实现情感连接。

Logo/产品图片（见图3）

图3　盼盼 Logo 和产品图片

官网/官微

盼盼食品官网：http：//www.panpanfood.com
盼盼食品天猫旗舰店：https：//panpansp.tmall.com
盼盼食品官方微信：

企业命题策略单 4（上海海昌海洋公园）

产品名称

上海海昌海洋公园。

扫码下载
命题策略单

策划主题

有梦·有爱·有快乐。

品牌调性

专业领先、时尚欢乐、亲和信赖。

传播\营销目的

　　从海昌海洋公园整体品牌调性出发，以"上海海昌海洋公园 2018 年暑期开园"为核心，丰富"有梦、有爱、有快乐"的品牌内涵，巩固海昌海洋公园母品牌的影响力及行业领军者的地位，提升品牌认知度及美誉度的同时，为上海海昌海洋公园奠定品牌基础。

　　通过海洋文化、极地动物、科普教育等丰富多彩的内容线索，透过热点话题、事件、主题活动等传播形式，打造具有"娱乐性、话题性、趣味性、故事性、互动性"的上海海昌海洋公园 2018 年暑期开园整合营销内容，为 2018 年暑期开园造势，提高上海海昌海洋公园知名度，引爆开园声量，吸引更多年轻人和亲子家庭等消费人群的关注。

企业\产品简介

　　海昌海洋公园控股有限公司是"中国海洋主题公园领军者""中国最大的海洋主题公园运营商""中国旅游 20 强"，2002 年起步于中国大连，2014 年在香港联交所上市，是首家在香港联合交易所主板上市的主题公园运营商。海昌海洋公园目前已经在大连、青岛、重庆、成都、天津、武汉以及烟台经营了六座海洋主题公园、一座冒险主题游乐园及一座水世界，每年游客接待量超 1 200 万人次，累计游客超 1 亿人次。此外，海昌海洋公园正在上海、三亚和郑州三地，建设和规划"上海海昌海洋公园""三亚海昌梦幻海洋不夜城"和"郑州海昌海洋公园"三座全新的大型主题公园综合项目。海昌海洋公园优势及实力：领先的运营能力，领先的动物保育管理能力以及品类丰富、数量繁多的极地海洋动物。

上海海昌海洋公园项目位于上海浦东新区临港新城滴水湖畔，以海洋文化为主题，分为 5 大主题区和 1 个海洋度假酒店，包含 6 个大型动物展示场馆、3 个大型动物互动表演场、2 个高科技影院以及 10 余项游乐设施设备，展示南北极特色动物以及海洋鱼类，并提供设备娱乐、特效电影、动物科普展示和水上巡游等娱乐活动。为游客提供展示内容最丰富、形式最新颖、科技含量最高、体验与互动性最强、表演最精彩的世界级旅游产品。

目标消费群

核心目标群：亲子家庭、年轻白领、学生群体。

主要竞争者

迪士尼、长隆、方特、欢乐谷。

策划案要求

进行线上线下整合策划，为 2018 年暑期开园的上海海昌海洋公园造势，吸引更多人关注。策划一场具有传播性、娱乐性、趣味性、互动性、带入感、故事性的开园方案。

Logo 及产品图片素材（见图 4）

图 4　海昌海洋公园 Logo、产品图片素材及七萌团 IP 形象

图 4　海昌海洋公园 Logo、产品图片素材及七萌团 IP 形象（续）

官方网站

http：//www.haichangchina.com/
新浪微博及微信

企业命题策略单 5（快克抗感冒药）

扫码下载
命题策略单

产品名称

快克牌复方氨酚烷胺胶囊（简称"快克"）。

策划主题

快克品牌打造年轻化形象。

品牌调性

快克：健康、活力、阳光、快乐。

传播\营销目的

通过创意赋予快克品牌健康、阳光、充满活力的年轻品牌形象。

创造快克品牌与年轻消费群体的沟通方式，传递健康的生活价值观，积极向上的理想价值观。

企业\产品简介

海南快克药业有限公司总部设在海南省海口市。现主要经营品种有：快克（复方氨酚烷胺胶囊）、小快克（小儿氨酚黄那敏颗粒）、快克露等。

快克是复方氨酚烷胺胶囊处方的创制者，亦是复方氨酚烷胺胶囊国家药品标准的起草者，并率先提出"抗病毒，治感冒"的科学理念。

目标消费者

易感冒年轻人。

主要竞争者

999感冒灵颗粒、感康、泰诺等。

策划案要求

打造快克品牌年轻化战略，符合大学生传播的话题营销+线下活动营销方案。最好有符合快克品牌年轻化战略的广告语，够酷、吸睛、脑洞大；短视频脚本剧情吸引人，让人看了就想去传播。

Logo及产品图片素材（见图5）

图5 快克Logo及产品图片素材

官方网站

官方网站：快克营销网 http：//china.quike.cn

快克品牌活动网站 http：//www.quike.cn

快克感冒药腾讯微空间 http：//e.t.qq.com/quike01

官方微信：

官方微博：

企业命题策略单6（膜法世家面膜）

产品名称

膜法世家公司——水嫩亮采三合一气垫凝水面膜。

扫码下载
命题策略单

策划主题

膜法世家——变美有膜法。

品牌调性

天然、植物、轻魔幻、年轻、活力。

传播 \ 营销目的

结合膜法世家的品牌调性、产品特色，发挥你的创意才能，提炼能与消费者产生共鸣、深入消费者心灵的创意。

让目标消费群体充分了解膜法世家的品牌特性，提升品牌的知名度；加强膜法世家品牌在年轻人群体中的影响力，增强消费者品牌黏性及忠诚度。

企业 \ 产品简介

膜法世家创立于2007年，是上海悦目集团旗下专注"天然膜护理"领域的品牌，以花果、谷物、草本等天然植物为原料，包括功效齐全、各具特色的面膜、眼膜颈膜、手膜、足膜、唇膜、体膜和发膜，涵盖了贴膜、泥膜、水洗膜、免洗膜等所有膜护理品类。品牌专注于天猫、唯品会、京东等线上电商平台，以及海淘、全球购等业务拓展，同时积极为线下实体店谋求破局之道，完成全渠道整合营销布局，对新零售模式保持高度敏感，积极探索，力图打造中国膜类护理第一品牌，并以民族品牌形象登上国际舞台。

目标消费者

核心目标群：18~30岁年轻女性。

主要竞争者

御泥坊、百雀羚、自然堂、一叶子、珀莱雅。

策划案要求

【平面广告】为膜法世家设计一套创意平面广告，要求：富有创意，易于传播，符合品牌调性，内容包括但不限于品牌宣传海报、产品宣传海报、节日创意海报等。

【微电影】结合膜法世家品牌内容创作创意微电影，要求：时长3~5分钟，融入品牌理念，内容风格不限，能引起传播讨论为佳。

Logo及产品图片素材（见图6）

图6　膜法世家的Logo和产品图片素材

官方网站

网络电商:

膜法世家天猫旗舰店:

https://mfsj1908.m.tmall.com/

官方微信:

企业命题策略单 7（可比克薯片）

产品名称

达利食品集团公司——可比克纯切薯片系列。

扫码下载
命题策略单

策划主题

纯切薯片——尽享薄香脆快乐味道。

品牌调性

快乐、分享、享受、时尚个性。

传播\营销目的

让更多人明确可比克纯切薯片"鲜切"的概念和更薄更脆更香等优势，建立产品差异化的定位。

寻找可比克与年轻人群体的共鸣点，挖掘产品和品牌内涵，通过可比克纯切系列建立品牌亲密与品牌依赖，让可比克成为年轻人享受快乐休闲时刻的首选品牌。

企业\产品简介

可比克薯片是达利食品集团休闲膨化食品的主品牌。"快乐每一刻，我的可比克。"这句 slogan 代表着可比克薯片成为快乐心情催化剂的愿景，希望可比克成为年轻人休闲食品的最佳选择。2017 年，达利集团推出鲜切型马铃薯片——纯切薯片，以"原薯鲜切技术"的独特工艺，对新鲜马铃薯进行直接切片，达到"更薄、更脆、更香"的薯片口感，纯切系列是更美味、更欢乐的享受。

目标消费者

核心目标群：学生群体、年轻上班族。

主要竞争者

乐事、好友趣、上好佳。

策划案要求

塑造可比克纯切薯片快乐、鲜切薄香脆的品牌联想，转化购买。

【平面广告】可用一张或者一组系列图片，从"土豆鲜切——真的薄香脆""快乐每一刻"中任选一点或两点作为创作的核心表现点，进行创意的发挥，达到直观感受品牌及产品的特点。

【短视频】将"土豆鲜切——真的薄香脆"的产品利益点及"快乐每一刻，我的可比克"作为核心传播点，创作内容积极向上，幽默有趣，尽量贴近生活，以便引起消费者和品牌之间的共鸣，引发二次传播。

【广告文案】结合节日节气或不同的食用场景创作与"快乐每一刻"或"土豆鲜切，真的薄香脆"有关的广告文案。

Logo 及产品图片素材（见图7）

图7 可比克 Logo 及产品素材

官方网站

http：//www.dali-group.com/cn/ProductList.aspx？TypeId=10156

官方微信：

达利食品集团微信公众号

官方微博：
可比克微博：

https：//weibo.com/p/1006065988128050/home？from＝page_100606&mod＝TAB#place

网络电商：
天猫达利集团旗舰店：
https：//shop110552063.m.taobao.com

参考文献

[1] 刘芸,张和荣,谭泗桥. 网络营销与策划[M]. 2版. 北京:清华大学出版社,2014.

[2] 惠亚爱,乔晓娟,谢蓉. 网络营销:推广与策划[M]. 2版. 北京:人民邮电出版社,2019.

[3] 陈德人. 网络营销与策划:理论、案例与实训(微课版)[M]. 北京:人民邮电出版社,2019.

[4] 宋俊骥,孔华. 网络营销与策划实务[M]. 北京:人民邮电出版社,2018.

[5] 王蓓,付蕾. 网络营销与策划项目教程[M]. 2版. 北京:机械工业出版社,2019.

[6] 小方脸 Eva. 2018年度十大爆红营销事件盘点. http://www.woshipm.com/it/1753911.html/comment-page-1.

[7] THINKDO3. 用卡通形象代言推广品牌,萌的不要不要的. https://www.sohu.com/a/215098835_505931.

[8] 许传阳. 方案模板:百事线上线下联动的策划案. https://www.meihua.info/a/70999.

[9] 阿里妈妈 MUX. 卡通形象与品牌的那些事儿. https://www.sj33.cn/article/sjll/201507/44345.html.

[10] 创意星球学院奖. https://www.5iidea.com/xyj.

[11] 梅花网. https://www/.meihua.info/.